KB090798

노인과 노화

이호선 지음

Σ시그마프레스

노인과 노화

발행일 | 2010년 3월 30일 1쇄 발행

저자 | 이호선
발행인 | 강학경
발행처 | (주)시그마프레스
편집 | 이미수
교정·교열 | 조현주

등록번호 | 제10-2642호
주소 | 서울특별시 마포구 성산동 210-13 한성빌딩 5층
전자우편 | sigma@spress.co.kr
홈페이지 | http://www.sigmapress.co.kr
전화 | (02)323-4845~7(영업부), (02)323-0658~9(편집부)
팩스 | (02)323-4197

인쇄 | 남양인쇄   제본 | 세림제책

ISBN | 978-89-5832-776-9

들어가는 글

동서고금을 막론하고 인생이 길다고 쓴 글은 많지 않다. 연세가 드셨다 하는 분들마다 청춘찬가를 부르고, 뒤돌아서서 자신의 백발을 한탄하게 된다고 한다. 그래서인지 삶, 특히 늙음에 관해 오래도록 전해져 내려오는 지혜의 말들이 많이 있다. 그러나 급격한 노령화 시대를 맞아 그 지혜 중 상당 부분이 재조정되고 있다. "사람의 수명은 칠십이요 강건하면 팔십"이라는 기독교 경전의 말은 이제 더 이상 유효하지 않은 듯하다. 그 나이를 지나고도 한참을 늙어 버린 몸으로 살아가는 시대가 되었기 때문이다. 바야흐로 인류에게 노인의 시대가 도래했다.

그러나 아직 노인이 되지 않은 많은 사람들은 자신도 늙는다는 것을 진지하게 받아들이지 못한다. "늙음은 갑작스러운 일"이라는 어느 사상가의 탄식처럼 우리는 고령화 시대를 차근차근 준비하지 못하고 있다. 특히나 급속하게 초고령 사회로 치닫게 되면서 갈수록 그 심각성을 더해가는 노인과 관련된 문제에 우리 시민 사회는 그다지 눈길을 주지 않는 듯하다. 더 다급한 문제가 있는 것일까? '늙음'은 어림짐작하는 것보다 더 심각한 것이다. 주변을 한번 둘러보자. 여러분이 아는 노인들 중

얼마만큼이 행복한 노년의 삶을 살아가고 있는가? 우리 사회의 적지 않은 노인들이 가난과 고독, 육체적 질병 및 정신적 고통과 씨름한다. 그들도 젊은 시절에는 이처럼 다중고(多重苦)로 힘겨워하는 노년을 보낼 것이라고는 짐작조차 하지 못했을 것이다.

전 세계적으로 '젊은 사람들'이 사회의 주도권을 쥐면서 일본이나 미국, 핀란드와 같은 일명 노인 선진국의 노인들도 삶의 마지막을 열악한 환경 속에서 보내고 있다. 적나라하게 말하면 노인들의 삶은 생존과 죽음을 기다리는 경계선 사이에 놓여 있다. 일본처럼 초고령화 사회를 열심히 대비한 나라에서도 노인들은 아직 살 만하지 않다. 이 나라들 안에서 일어나고 있는 다양한 노인 관련 문제들은 언제 풀릴지 모를 수수께끼가 되었다.

우리 사회의 노인들의 삶은 노인 선진국보다 훨씬 더 비참한 것임에 틀림없다. 길거리에 나가 노인들을 보라. 네온사인 밑에서 종이와 박스를 줍고 있는 남루한 노인들을 기다리는 건 한 봉지의 약과 영양가 없는 음식, 그리고 불결한 잠자리뿐이다. 일과 보람이 박탈되고, 희망과 관계없는 삶을 은연 중에 강요당하는 우리 주변의 노인들을 보라. 노인들의 굳은 표정에서 "우리도 사람이다"라는 역설적 외침을 읽을 수 있지 않은가. 노인들의 삶과 사랑은 일명 박카스 아줌마를 통해서 해결되는 것이 아니다. 노인은 사람이다! 사람은 사랑과 노동, 희망과 의미 속에 산다.

우리 사회의 노인들 중 어느 정도가 '사람'으로 사는지에 관한 통계는 없지만 확실한 통계는 하나 있다. 바로 노인자살률이다. 10대 무역국인 우리나라의 노인자살률은 어느 정도일까? 세계 1위이다. 자살의 이유가 궁금하지 않은가? 순국이나 순교, 신념에 따른 숭고한 죽음일까? 노인들이 그런 이유로 자살하는 사회도 결코 건강한 사회는 아니다. 그러나 노인 자살의 대부분이 생계형 자살이며, 우리나라 교통사고 사망률보다도 노인자살률이 높다는 현실 앞에 서면, 21세기 10대 무역대국이자 '선진국'에 다름없다는 우리의 모습을 돌아보게 된다.

이솝 우화의 베짱이처럼 평생 무위도식하다가 쓸쓸한 노년기를 보낸다면야 그 상황이 이해 못할 것은 아니다. 그러나 개미처럼 살아왔던 이 땅의 노인들, 식민지 일제의 압박을 견뎠고, 해방에 힘썼으며, 전쟁 속에서 민주주의를 지키고, 전후 복구를 위해 등뼈가 휘도록 노력했으며, 독재의 고도성장 정책 속에서 온갖 고초를 당연한 것으로 여기며 '오늘'을 건설한 노인들의 삶이 이처럼 비참한 상황에 놓여 있다. 이 상황은 그들의 탓일까? 부분적으로 '바보 같은' 그들의 탓일 것이다. 오늘날 노인 세대들에게 물어보면 그 누구도 노후를 생각해 본 적이 없다고 한다. 그들은 부모를 모셨고, 자식을 섬겼으며, '조국과 민족의 무궁한 영광을 위하여 몸과 마음을 바쳐 충성'할 것을 요구받았다. 그들은 자신들의 노후를 준비할 겨를이 없었다. 그 시대를 뼛속 깊이 알지 못하는 사람들이 볼 때에 그들은 '바보'이다.

이 책은 수년 내에 초고령화 사회 속에서 살게 되는 노인들과 잠재적 노인인 우리를 위한 책이다. 크게 네 가지 물음이 다루어질 것이다. 첫째, '노인'은 누구인가 그리고 노화와 관련한 변화는 어떤 것인가, 우리나라의 노인문제를 통해 개인이 노후를 어떻게 준비해야 할 것인가? 둘째, 우리 사회에 두드러진 노인과 관련 문제들은 어떤 것이 있는가? 셋째, 편견과 무지 속에 놓여 있는 노년기 성은 어떻게 이해하는가, 노년기 부부의 갈등은 어떤 것들이 있는가? 넷째, 성공적 노화, 즉 잘 늙기 위해서는 어떤 준비를 해야 하는가?

이러한 질문에 대답하기 위하여 네 개 장으로 이루어진 이 책은 다음과 같은 내용을 갖는다.

제1장에서는 우선 누가 노인인지를 살펴본다. 역연령 개념, 사회적 개념, 행정적 개념, 자의식 개념 등을 살펴 개인에게 노화가 갖는 의미를 살핀다. 또한 노년기에 경험하게 되는 다양한 변화를 알아본다. 신체적 변화와 노년기 신체질환을 어떻게 예방할 것이며, 운동이 노년기 신체변화에 어떤 영향을 미치는지를 설명한다. 인지적 변화와 치매에 대하여도 살피게 될 것이다. 황혼의 덫으로 불리는 치매와 그 예방법에 대하여 점검하며, 노년기 성격 변화가 노인의 적응에 어떤 영향을 미치는가에 대하여도 논의할 것이다.

제2장에서는 노인과 관련하여 나타나는 다양한 사회 문제들을 소개한다. 노인인구의 증가로 이미 고령화시대를 지나 초고령사회를 바라보고 있는 우리 사회에서 나타나고 있는 다양한 문제들을 살핀다. 노인부부 세대가 증가하면서 부부 주기가 연장되고 이전에는 없던 노년 세대를 위한 실버시장이 형성되고 있다. 또한 노인범죄가 증가하고 있으며, 그 범위도 생계형 범죄에서 강력범죄까지 다양하며 성폭행 증가와 같이 그 대담함도 커지고 있다. 노년기 우울증과 노인학대, 황혼이혼에서 황혼자살에 이르는 이미 사회적 문제가 된 다양한 문제들도 함께 성찰한다. 노인 관련 문제들은 비단 현재의 문제로 끝나지 않는다. 세계최고 고령화 속도를 유지하고 있는 우리나라의 향후 20년 이후를 예상해 보며 가난과 병, 고독, 무위, 이 네 가지를 연금문제와 함께 살펴본다.

제3장은 노인들의 성에 대하여 살펴본다. '인간은 죽을 때까지 성적인 존재'라지만, 노년기 성이 어느 때보다 중요한 화두가 되는 시기가 되었다. 노인 스스로 갖고 있는 성에 대한 인식과 젊은 세대가 갖고 있는 노인들의 성에 대한 이해를 다루어 보고 노인들에게 성이 어떤 의미

인지를 다루고, 나아가 노인의 성과 관련된 다양한 사회적 이슈들을 진단한다. 노인 성범죄, 성과 관련한 노인의 이혼과 재혼을 살피고 이에 대한 건강한 노인 성문화 정착의 필요성을 제시한다. 노인 부부 주기의 증가와 더불어 나타나는 부부간 성 갈등 유형도 분류한다. 홀로 있는 노인이나 부부생활을 하는 노인들이든 누구라도 행복한 성을 즐길 수 있도록 문화적 화두로서의 성 이야기도 함께 나눈다.

제4장에서는 성공적 노화를 다룬다. 웰빙시대, 진정한 노년기 웰빙을 위하여 무엇이 필요한지를 논의한다. '잘 늙고 잘 지내기' 위해 노년기에 적절한 운동과 식사법을 다룬다. 또한 건강한 활동을 중심으로 '웰 액팅'을 소개한다. 노년이 인생의 르네상스가 되기 위하여 필요한 활동들을 제시하며, 열정적인 참여와 활동이 노년기에 갖는 의미를 생각한다. 나아가 성공적 노화에 빠지지 않는 주제인 '웰 다잉', 즉 잘 죽는 법을 제안한다. 죽음이 더 이상 공포가 되지 않도록 하며 남은 삶을 더욱 사랑할 수 있도록 하는 웰 다잉은 건강한 노화, 행복하게 늙기를 위한 중요한 단초를 제공해 줄 수 있으리라 기대한다.

이 책은 부분적으로 사회적 문제를 파헤치고 정책적인 대안을 제시하지만 그것이 이 책의 진정한 목적은 아니다. 무엇보다 늙는다는 것, 곧 노화와 노인에 대한 이해를 진작시키는 것이 이 책의 참 목표이다. 이 책을 통해 노인과 잠재적 노인들이 모두 노년기를 훌륭하게 준비하려는 마음과 실제적인 지식을 얻는다면 저자로서 뜻한 바가 달성된 것으로 본다. 이 작은 글이 옛 시대와 새로운 세대의 중간쯤 끼어 있는 지금 시점에 개인이 노후를 준비할 수 있는 작은 지침서가 될 수 있었으면 한다.

노인상담을 전업으로 삼고 있는 나는 노후준비라는 주제는 일상과 만나는 주제이자, 누구도 피할 수 없는 것임을 더욱 절감해 간다. 준비되지 않은 노년은 결코 행복할 수 없다. 장수인구가 늘어나고 노후 기간이 점점 늘어나 100세 수명시대가 곧 도래한다 해도 들뜰 일이 아니다. 준비되지 않은 노후를 생각하면 마음이 가볍지만은 않다. 정신과나 상담실이 점점 바빠지고 있는 요즘, 노인에게 '죽음'이라는 단어보다 '희망'이라는 단어가 더욱 어울릴 날을 소망해 본다.

2010년 2월
이호선

차례

늙는다는 것은 무엇인가?

아이는 어린 사람, 청년은 젊은 사람, 노인은 늙은 사람이다. 어린 시절부터 찍었던 사진들을 시간 순서대로 나란히 놓아 보면 자라고 성숙하고 늙어간다는 것을 금방 알 수 있다. 끔찍한 얘기로 들리겠지만, 이제 갓 태어나 첫울음을 터뜨린 신생아도 잠재적 어르신이다. 탯줄도 자르지 않은 그 아기도 결국은 크고, 성숙하고, 나이가 들고 늙게 될 것이다. 현재는 나타나지 않지만 잠재적인 노화과정을 이미 지니고 있기에 우리는 모두가 '잠재적 노인'이다. 어미젖을 잘 빨지도 못하는 미숙아부터 결코 시들 것 같지 않은 미모의 20대 '쭉쭉 빵빵' 섹시 모델들도 세월을 잡아놓을 수는 없다.

나보다 예쁘고 키 크고 섹시한 여자들이 늙어간다고 생각하면 통쾌하기도 하다. 허나 그러면 뭘 하나, 그녀들이 할머니가 되어 관절염 치료를 받고 있을 때, 나 역시 쑤시는 내 육신을 한탄할 것이다.

25세를 전후하여 사람의 노화는 시작된다. 젊고 탱탱한 피부 속에서 은밀히 일어나는 그 음흉한 작업에 대해 주름살을 펴는 크림이나 보톡스와 같은 주사제, 아예 얼굴을 쭉 당겨서 주름진 곳을 펴는 성형에 이르기까지, 노화라는 전쟁 현장에서 각개 전투가 시작된다. 간혹 부분 전투에서 승리를 거둘 수 있을지 모르나, 누가 승전가를 부를지는 자명하다. 이 전투에서 노화가 져 본 일은 인류 역사에서 없다.

인간은 왜 늙는가에 대한 답은 다양하다. 심장전문의는 심장과 혈관의 손상 때문이라고 할 것이고, 신경의학자는 뇌세포의 노화 때문이라고 할 것이다. 사회학자는 사회에서의 분리나 활동의 정도로, 심리학자는 스트레스와 정서적 고갈 등을 이유로 꼽을 것이다. 진시황이 죽기 전까지 물었을 그 질문에 대한 정답은 아직 없는 것 같다. 다만 늙었다는 것을 알게 해 주는 사회적 지표만큼은 분명하게 있는 것 같다. 사람은

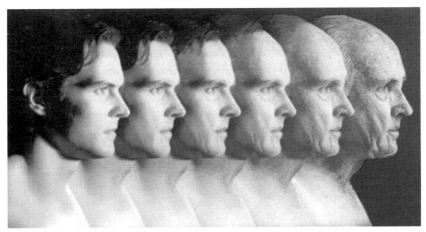

젊은이가 늙은이가 되는 과정을 노화라고 한다. 노화는 단지 신체적 변화만을 의미하지는 않는다. 신체, 정신, 정서, 사회적 지위와 관계 등 다양한 변화를 동반한다.
출처 : http://ditqyd.tistory.com/

태어나고, 그리고 죽는다. 태어나서 죽는 것 사이에는 늙음이 있다. 어릴 적 자라는 과정은 성장이라 부르고, 25세 이후의 과정을 노화(老化), 즉 늙어간다고 한다.

1. 누가 노인인가?

우리나라 사람들은 심리적으로 환갑이 지나면 자신이 노인인가를 잠시 생각하게 된다. 그러다가 65세가 넘어가면서 주름과 같은 신체적 변화 말고도 몇 가지 행정적 측면에서 자신이 노인으로 간주됨을 알게 된다.

첫째, 교통수당이다. 만 65세가 넘으면 최불암 씨든 이건희 씨든 무조건 일명 '실버패스'라는 걸 받게 된다. 실버패스란 노인, 장애인, 국가유공자를 대상으로 수도권 지하철과 전철을 무임으로 이용할 수 있는 무임용 RF(무선주파수) 교통카드를 말한다. 금액이 적든 많든 간에

일단 교통수당이 나오면 법
적으로는 노인이 되는 것이
다. 물론 전철은 몇 번을 갈
아타든, 아무리 멀리 가든 무
료다. 전철은 그냥 타니, 이
교통비는 버스비를 중심으로
계산된 내역이리라. 물가 상
승과 활동범위의 확장을 생

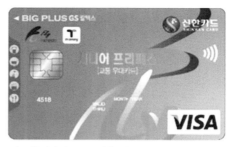

최근 한정적인 교통수당을 대신하여 65세 이상 노인,
장애인, 국가유공자를 대상으로 수도권 지하철과 전
철을 무임으로 이용할 수 있는 무임용 RF(무선주파
수) 교통카드가 출시되었다.
출처 : http://www.incheonnews.com/

각해 보면 턱없는 금액이지만, 꼬박꼬박 나와만 준다면 그 누가 마다하
랴! 그러나 그걸 손에 쥐는 순간, 또 얼마나 씁쓸한 마음을 쓸어 내려야
하는가!

둘째, 국민건강보험 적용이 달라진다. 감기에 걸려 1차 기관 내과 진
료를 받을 때 이전에는 진료비가 3,000원, 약값이 1,500원 정도였다면,
교통수당이 지급되는 그해, 만 65세가 되는 달부터는 진료비가 1,500
원, 약값은 1,200원만 내면 된다. 물론 보건소에서는 65세가 넘으면 진
료비와 약값 모두 무료이다. 각종 검사도 무료이고 다양한 운동 서비스
까지 제공된다.

셋째, 65세 이상의 국민기초생활보장수급자의 경우는 65~79세는
2007년 기준으로 매달 4만 5,000원, 80세 이상은 5만 원, 75세 이상의
저소득 노인에게는 3만 5,000원(부부의 경우는 각각 2만 6,250원)이
지급된다.

넷째, 만 90세가 넘으면 장수 수당이 지급된다. 노인복지법 제4조에 따
라 많은 자치구에서 장수 수당을 지급하고 있다. 만 90~94세는 연 30만
원, 만 95~99세는 연 50만 원, 만 100세 이상은 연 100만 원이 신청자에

한하여 생일이 있는 달에 통장으로 입금된다.

다섯째, 전철이나 버스와 같은 대중교통에서 노란색 경로석에 앉게 된다. 그 자리에 '젊은 것들'이 앉아 있으면, 왠지 모를 분노가 솟아오른다.

지하철 경로석 얘기가 나와서 말이지만, 지하철 경로석에 앉아 있는 사람들의 연령은 대략 어느 정도일까? 법적으로 보자면 65세가 넘어야 경로석을 점할 수 있게 된다. 그렇다면 경로석에 앉아 있는 사람들의 얼굴과 분위기를 한번 보자. 모르긴 해도 주민등록증에 올해 65세라고 써 있는 사람들은 그 자리에 앉기가 민망할 것이다. 그 자리를 주름진 눈으로 쳐다보는 70대, 80대가 경로석 자리 주변에 가득하기 때문이다. 그래서 법적 '노인'이라고 해서 '완전 노인'이라는 자의식과 타인의 인정을 모두 얻을 수는 없다.

그렇다면 노인이라고 할 수 있는 나이는 몇 살부터인가? 그 이야기를 하자면 노인이 누구인가에 대한 이야기부터 해야 할 것이다. 노인(老人)의 사전적 의미는 '늙은 사람'이다. 그러나 단순히 몸의 노화를 표현하기에 노화는 너무나 복잡한 개념이다. 이를테면 과거 중국 고전에서는 50대를 잘잘못을 깨치는 연배라 하여 지비(知非), 60대는 귀가 순해져 어떤 일을 들으면 곧 이해가 된다는 이순(耳順), 방에 들어앉아서 손가락질만 한다고 하여 지사(指使)라고 했다. 이러한 호칭은 노인의 특징을 어느 정도 살려낸 것이라 할 것이다.

그러나 새삼 학문적으로 노인을 정의한 것은 1951년 7월에 열린 국제노년학회에서였다.[1] 노인을 첫째, 환경변화에 적절히 적응할 수 있는 자

1) Report on the 2nd international Conference of Gerontology, 1951.

체조직에서 결손이 있는 사람, 둘째, 자신을 통합하는 능력이 감퇴되어 가는 시기에 있는 사람, 셋째, 인체기관ㆍ조직ㆍ기능에 쇠퇴현상이 일어나는 시기에 있는 사람, 넷째, 생활 적응성이 정신적으로 결손되고 있는 사람, 다섯째, 조직 및 기능저장의 소모로 적응감퇴현상을 겪고 있는 사람으로 정의한 바 있다. 당시에는 감퇴와 결손이 노인의 주요한 특징이었지만 이후 노인에 대한 정의가 다양해지면서 보다 긍정적이고 수용적인 면으로 이동하고 있다.

노인 정의에 대한 긍정적인 변화는 최근 여러 나라에서 사용하는 노인의 다른 호칭들을 살펴보면 금방 알 수 있다. 먼저 프랑스에서는 우리나라에서처럼 회갑연 같은 것은 없지만, 60세가 지나면 '제3 세대'라고 불린다. 이는 새로운 세대로 진입하면서 다시 시작한다는 적극적인 의미를 포함하고 있다. 한편 미국에서는 65세 이상을 존경과 우대의 의미로 선배시민(senior citizen) 또는 황금 연령층(golden ages)라고 부르고 있다. 또한 스위스 노인의 별칭인 '빨간 스웨터(red sweater)'는 이미 잘 알려져 있는데, 이는 60세 생일에 장수하라는 의미로 가족들이 손수 빨간 스웨터를 선물하는 관습에서 생겨났다. 한편 세계 장수국으로 꼽히는 일본은 최근 노인의 호칭으로 '실버(silver)'라는 말을 자주 사용하고 있다. 세월

전통적으로 노인에 대한 호칭은 긍정적이었다. 사회가 변화하면서 잠시 부정적으로 인식되던 노인의 호칭에 변화의 바람이 불고 있다.

의 경륜과 지혜를 담고 있는 은발(銀髮)을 상징하는 것이리라. 우리나라에서는 최근 노인 대신 '어르신'이란 용어를 사용하고 있다. 어르신은 어른을 높여 이르는 말이자 인칭대명사에서 가장 높여 이르는 말, 곧 극존칭이니 그만큼 노인에 대한 존경과 우대를 담은 긍정적 개념이라고 할 수 있다.

단순히 나이만 먹었다는 의미보다는 인격으로 모범이 되고 다른 사람들로부터 존경받을 만하다는 의미에서 '어르신'은 노인에 대한 사회적인 믿음을 담고 있기도 하다. 최근 부상하는 노인 호칭으로 6G 세대가 있다. 즉 머리는 희끗희끗하지만(Grey) 세련되고(Grace), 점잖고(Gentle), 위대한 한국을 일궈낸 위대한 세대로(Great), 마음은 언제나 푸른(Green) 인생의 황금기(Golden age)를 맞이할 세대라는 의미를 담고 있다.

노인에 대한 정의는 사회적으로 주는 의미와 호칭 외에 개인의 자각에 따라서 달라지기도 한다. 우선 가장 먼저 노인이라는 것을 자각하는 것은 '역연령(曆年齡)' 개념에서이다. 즉 주민등록상의 나이를 따져보고 자신이 노인이라고 생각할 수 있다. 예를 들어, 주민등록상 1945년생인 사람의 역연령은 달력상의 나이이므로 2010년이면 65세가 된다. 1961년에 재정된 생활보호법과 1981년에 재정된 노인복지법 기준으로 이 노인은 올해부터 당장 교통수당을 받게 된다.

두 번째는 사회적 역할에 따라 노화 정도를 나누는 연령구분이 있다. 이것은 사회적 기대에 따른 개인의 사회적 역할에 관련된 나이 개념으로, 은퇴나 손자녀의 출생과 같은 사회적 사건을 중심으로 나이를 구분한다. 이 사회적 연령 구분 중 노인의 연령을 구분한 가장 대표적인 것으로 미국의 노년학자 뉴가르텐(Neugarten)의 연령구분이 있다. 그는 노년기를 크게 세 부분으로 나누고 있다. 우선 55~64세의 연소노인 (the young-old)이다. 연소노인은 아직은 사회경제적으로 왕성한 활동을 하고 신체적으로도 건강한 이들로 곧 은퇴를 맞게 된다. 65~74세는 고령노인(the old-old)이다. 은퇴를 한 대부분의 퇴직자 그룹들이 여기에 속한다. 75세 이상의 초고령 노인(the oldest-old)은 신체적으로 병약하고 소외되어 있으며 경제적으로도 취약한 노인들을 말한다.[2]

심리학자들이나 노인 상담가들은 다양한 연령개념 중 '자각 개념'에 가장 초점을 두고 있다. 즉 자신을 몇 살이라고 생각하느냐가 가장 중요하다. 주민등록상의 나이가 70세라도 스스로를 50대라고 생각하는 사람은 훨씬 더 건강하고 활력 있게 살아갈 가능성이 높기 때문이다.

반면 달력상의 나이가 50세라도 자신이 늙었다고 생각하는 사람은 신체적·정신적 활동량이 적고 사회적으로 스스로를 고립시킬 가능성이 높다. 이런 면에서 미국의 경영 컨설턴트인 밴 크로치(Van Crouch)의 노인 정의는 이런 자각 개념의 중요성을 잘 보여 주고 있다. 그에 의하면 노인은 ① 스스로 늙었다고 생각하고, ② 배울 만큼 배웠다고 생각하며, ③ "이 나이에 그런 것은 배워서 뭐 하려고?"라고 말하며, ④ 젊은이들의 활동에 무관심하고, ⑤ 내일이 불분명하다고 생각하며, ⑥ 듣는 것보다 말하는 것을 좋아하고, ⑦ 좋았던 시절을 그리워한다. 다시 말해, '자신을 누구라고 생각하는가?'에 대한 기준이 바로 노인과 중년을 구

---

2) Neugarten, B. L.(1968). *Middle age and aging*. University of Chicago Press.

분하게 된다는 주장이다.[3] 보건복지가족부가 노인복지법에 따라 전국 60세 이상 성인 1만 5,000여 명을 대상으로 실시한 2008년 노인실태조사 결과 응답자들은 70세 이전까지 스스로를 노인으로 생각하지 않고 경제능력을 갖춰 자립생활을 하고 싶어 하는 것으로 나타났다.

그렇다고 달력상의 나이가 80세이고 심리적인 나이가 20세라면 '완전 청춘'인가? 그렇지만은 않다. 실제 연령과 심리적 나이가 지나치게 클 경우는 현실감각이 떨어지고 활동 수준과 인식 수준이 달라 우울해

● 2008년 노인실태조사 주요 결과 ●

월평균 소득	69만 원(남성 108만 원, 여성 40만 원)
월평균 용돈	15만 6,000원(남성 20만 8,000원, 여성 11만 7,000원)
노인이라고 생각하는 연령	70~74세(51.3%)
가장 중요한 노후준비	건강한 신체(50.1%), 경제적 준비(44.7%)
노후에 하고 싶은 일	근로활동(37.0%), 여가 · 취미활동(33.1%)
자녀와 동거	동거할 필요 없다(71%)
노인 대접	노인 취급받기 싫다(42%), 연장자 대접이 좋다(32.7%)
노후 성생활	성생활은 중요하다(56.2%)

2008년 보건복지부 조사에 의하면 우리나라 노인들은 70세가 넘어야 자신이 노인이라고 생각한다.
출처 : 보건복지가족부

3) 밴 크로치(2002). 『아무것도 못 가진 것이 기회가 된다』 윤규상 역. 서울: 큰나무. 삶을 주관적으로 구분하는 기준을 제시한 피터 래슬릿(Peter Laslett) 역시 '주관적 나이'의 중요성을 이야기한 바 있다. 그는 인생을 제1시기-의존, 사회화, 미성숙, 교육의 시기, 제2시기-독립, 성장, 책임의 시기, 제3시기-수입, 저축, 개인적 성취의 시기, 제4시기-다시 의존, 노쇠, 죽음의 시기로 구분하면서 각각은 나이 구분보다는 주관적 연령 개념에 따른 구분임을 강조한 바 있다. P. Laslett(1991). *A Fresh Map of Life: The Emergence of the Third Age*. Cambridge, Massachusetts: Havard University Press.

질 수도 있다. '몸은 전원주인데 마음은 소녀시대!'라면 심리적인 나이와 신체적인 나이가 어긋나면서 우울해지게 된다는 것이다. 심리적 나이와 신체적 나이 간격이 너무 클 경우는 치매 증상으로 진단받기도 한다. 노인은 누구인가? 나는 여기에서 노인을 신체적 기능의 쇠퇴와 사회적 기능의 약화 및 상실에 따른 심리적 위축을 경험하고, 사회적·가정적 역할의 상실과 그 변화로 인해 심리적·사회적·경제적인 변화를 겪으며 그 변화에 적응하고 있는 자로 정의한다.

2. 무엇이 달라지는가?

신체적 변화와 질병 : 몸이 말을 듣지 않아!

주름이 지고 다리가 아프다

9세 된 남아 10명과 여아 10명에게 65세 남성 2명, 65세 여성 2명의 사진을 차례로 보여 주고 이들의 나이를 맞춰 보라고 했다. 결과는 남성 A에 대한 아이들의 예상연령은 평균 54.3세, 남성 B는 평균 74.5세, 여성 A는 50.1세, 여성 B는 65.2세로 나왔다. 나이가 많이 들었다고 생각한 남성 1명과 여성 1명을 측정한 기준이 무엇이냐고 묻자 아이들은 "주름살이 많아요.", "머리가 하얗잖아요.", "못생겼어요.", "팔에 검은 게(검버섯) 났어요.", "옷이 할아버지 옷이에요.", "이가 빠졌어요."라고 답했다.[4] 아이들의 구분 기준은 간단했다. 외모였다. 어떤 아이는 남성 B의 예상연

4) 서울홍제초등학교 2학년 남아 10명과 여아 10명에게 실시한 노인인식에 대한 질적 연구 조사를 통해 아이들이 생각하는 노인의 이미지는 외모가 중요한 작용을 하는 것으로 나타났다. 이 간단한 조사에서 초등생들이 노인들에 대해 갖는 태도는 대개 부정적인 이미지로 구성되어 있었다.

고집 센 나비수집가의 여행,
맹랑소녀가 끼어들다!

버터플라이
UN FILM DE PHILIPPE MUYL

2009년 1월, 우리 곁에 행복이 날아옵니다!

할아버지와 소녀를 주인공으로 서로를 알아가면서
세대공감을 극대화시킨 영화 〈버터플라이〉.

령을 85세로 적기도 했다. 아이들 눈에 외관상 할아버지이거나 할머니 같으면 그냥 할머니이고 할아버지이다. 다른 이유는 없다.

아이들이 나이를 알아맞히는 기준은 노인들 스스로에게도 비슷하게 적용된다. 부천시 오정구 노인복지관 노인을 대상으로 자신들이 어떨 때 늙었구나라고 느끼는지를 물어보았다. 가장 많은 답변 순서대로 몇 가지를 적어 보면 다음과 같다.[5] ① 흰머리와 주름살이 늘었을 때, ② 몸이 자주 아플 때, ③ 오랜만에 만난 사람이 늙었다고 말할 때, ④ 작은 글씨가 잘 안 보일 때. 이런 결과는 노화를 자각할 때, 가장 일차적인 기준이 신체적인 변화라는 것을 보여 주고 있다. 그렇다면 노년기에는 어떤 신체 변화가 나타나는 것일까?

노화는 사춘기 변화와는 다르다. 사춘기 때 일어나는 2차 성징(性徵)은 짧은 시간 안에 눈에 띄는 변화가 급속하게 일어난다. 그러나 노화는 보다 장시간에 걸쳐 일어나는 경향이 있다. 25세를 전후하여 시작되는

5) 부천시 오정구 노인복지회관에 다니는 30명을 대상으로 자신의 신체 이미지와 노화 정도를 가늠하는 자각척도를 다루는 과정에서 나온 답변들을 정리한 것이다.

신체노화는 아무래도 가장 먼저 노화를 실감하는 부분이다.

노화는 거울을 통해 먼저 확인된다. 연령이 증가하고 노화가 진행되면서 피부는 점점 메마르게 되고 혈색이 사라진다. 또한 탄력성을 잃으며, 얼룩반점(검버섯)이 많이 생기게 된다. 더불어 지방분이나 탄력이 떨어져 점차 피부에 주름이 늘어나고 주름의 골도 깊어진다. 사람은 중년기 이후에 점차 살이 쪄 비대해짐에도 불구하고 우리 몸은 피하지방의 감소로 주름살이 생기게 되며 수축력이 감퇴하게 된다.

우리 몸의 모양과 견고함을 유지하고 심장이나 폐 등과 같은 주요기관을 보호해 주는 뼈에도 변화가 온다. 대개 신체골격은 20세 전후에 완전히 그 구조가 완성되며, 키는 20~25세까지 별다른 변화를 보이지 않고, 신체적인 힘도 25~30세에 최대의 수준을 유지한다. 그러나 나이가 들면서 척추 사이에 있는 연골 조직들이 얇아지면서 척추가 굽고 압축되어 등이나 목 등이 굽어지기 시작한다. 노인들이 키가 줄었다고 이야기하는 것은 바로 이런 이유이다. 또한 칼슘이 고갈됨에 따라 뼈가 가벼워지고 골밀도도 낮아져 신체 접합 부분이 약화된다. 따라서 골다공증으로 인한 골절상을 당하기 쉽거나 관절염 등의 질환이 연령이 높아감에 따라 증가한다.

뼈가 약해지고 가벼워지는 동안 뼈 주변에 붙어 움직임에 영향을 주는 근육인 수의근에 변화도 나타난다. 근육의 최고 능력은 25~30세에 나타나며, 이 연령이 지나면 근육 수축의 속도나 힘이 점차 감소하여 근육의 유지력도 감소하게 된다. 나이가 들면서 근육의 힘과 크기가 감소되는 것이다. 수의근도 그 수축력이 약해져서 뼈에 더욱 많은 부담이 가게 된다. 수의근육은 50세까지 그 양이나 크기가 증가되나 이후부터는 활동적인 근육섬유질의 수나 단백질의 양이 점차 감소한다. 그러나 근

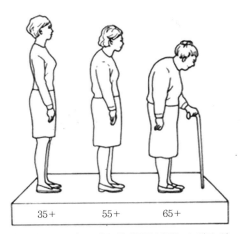

흰머리와 주름살, 그리고 신체골격 변화는 노화를 인식하는 주요한 물리적 요소들이다.
출처 : http://weblogs.baltimoresun.com/

육의 효율성에는 개인차가 있으며 신체적으로 활동적인 사람은 훨씬 느리게 감소하는 경향이 있다.

감각기관에도 변화가 온다. 우선, 노화가 진행되면서 시력이 저하된다. 노년기 시력의 감퇴현상은 가까운 물체에 초점을 잘 맞추지 못하는 노안 또는 원시안으로 나타나며, 또한 당뇨병 등으로 촉진되는 백내장이 생기기도 한다. 눈은 대개 40세를 넘기면 예민성이 점차 떨어지고 시야가 좁아지는데 이러한 시각의 감퇴는 망막 주위에 있는 신경세포의 변화 때문이다. 수정체의 탄력성 감퇴는 가장 두드러진 노령현상으로 42~50세 사이에 생겨나기 쉽다. 50세를 넘기면 점차 원시로 이행되는 사람이 많아지는데, 이것은 각막의 저항 증가와 주변조직의 압력 감소에 의해 안구의 형상이 변화되고 수정체가 조절능력을 잃게 되어 나타나는 현상이다. 따라서 10~20세에 시력이 1.2인 사람도 50세쯤 되면 0.9, 60세는 0.8, 70세에 0.7, 80세가 되면 0.5 정도로 악화된다. 그러고 보면 잘 차려입고 누가 보아도 30대 후반이나 40대 초반으로 보이는 사람이라도 그 사람이 나이를 먹었다는 것을 보려면 글을 읽을 때 책과 눈의 거리를 보면 나이를 가늠할 수 있게 된다.

둘째, 청각 기능 역시 나이가 들수록 쇠퇴해 가며 노인성 난청으로 약화현상이 나타나게 된다. 음(音)에 대한 감도는 20세경부터 점차 떨어지기 시작하는데 청각 약화의 가장 일반적인 원인은 높은 음을 들을 수 있는 능력이 점진적으로 상실되기 때문이다. 이것은 고막의 탄력성이 줄어드는 데 원인이 있고, 청각의 변화는 여성보다 남성에게 더 영향을 미친다. 남자에게 감퇴현상이 더 많이 나타나는 이유는 직장관계로 더 많은 소음공해에 남성이 노출되는 비율이 높기 때문으로 여겨지며 마찬가지로 취업여성에게서는 전업주부보다 청력의 상실이 더 많이 발생하고 있다. 그러나 청각 기능은 개인차가 심해 80세인 사람이 50세인 사람보다 청각 능력이 높은 경우도 적지 않게 일어난다. 따라서 청력을 척도로 노화를 판단하는 것은 신뢰도가 낮다. 노인성 난청의 원인으로서는 동맥경화, 영양장애, 청신경에 자극을 주는 소란스러운 곳에 오래 사는 것, 불충분한 일광 등이 있다.

셋째, 미각과 후각의 변화이다. 어머니의 음식이 자꾸만 짜지고, 그 맛이 전에 먹던 것과 다른 경우를 흔히 보게 된다. 어머니가 늙으셔서일까, 아니면 내가 외식을 많이 하다 보니 입맛이 변한 걸까? 많은 연구들이 노화에 따라 미각과 후각 등이 상실된다고 말한다. 그러나 이런 결론을 완전히 지지할 만한 증거는 없으며 상반된 연구결과들이 나타나고 있다. 한편으로 후각과 미각은 50세 이후 감퇴되기 시작하여 80세부터는 맛 봉우리 수의 감소로 기본적인 미각의 구별능력이 감소되면서 자연히 미각에 따른 후각기능도 쇠퇴하게 된다는 연구결과가 있다. 반면, 젊은이와 노인의 기본적 미각의 차이는 맛 감각기능의 쇠퇴보다는 세대 간 맛에 대한 경험의 차이라는 주장 역시 있다. 나이가 먹어가면서 점차 후각이나 미각 기능이 저하된다는 점은 예상할 수 있지만, 기능이 완전히 상실되지는 않는다.

치아와 잇몸에도 변화가 온다. 치아는 연령증가에 따라 점차 빠지게 되고 45세를 경계로 이러한 경향이 현저하게 증가하게 된다. 일반적으로 이가 점차 빠지게 되고 남은 수는 60대에 14개, 70대에 11개, 80대에 6개 정도이다. 이가 빠지는 것은 대개 잇몸 약화와 수축과도 연결되어 있다. 잇몸이 약화되고 이가 빠지게 되면 전형적인 노인의 얼굴형을 띠게 되며 소화흡수에도 지장을 주어 영양상태가 나빠질 수 있다.

노화현상이 발생되는 시기인 40세 이후부터 대개 뇌나 신장, 간장 등의 장기 중량이 감소한다. 그러나 심장만큼은 말초혈관의 동맥경화로 인한 심장비대와 지방분의 증가가 일어나므로 다른 장기와는 달리 노화와 더불어 중량이 늘어난다. 심장이 뿜어내는 피의 양이나 심장의 박동능력은 노화에 따라 감소한다. 노년기 심장비대나 협심증과 같은 심혈관계 질환이 증가하는 것은 그 때문이다.

내장도 늙는다

늙는 것도 서러운데 아프기까지 하면 더욱 서글픈 일이다. 대개 노년기 질환은 신체 기능의 저하와 감퇴, 면역력 저하에서 오기 쉽다. 노년기에는 소화기능이나, 호흡기능, 기초대사, 수면, 신장 기능 등 다양한 기능적 저하를 경험하게 된다.

우선, 소화기능은 30세 이후부터 침, 소화효소, 위액분비의 감소와 치아기능의 저하로 감퇴된다. 이때 근육약화와 함께 위의 연동 활동의 약화는 변비를 가져온다. 전반적으로 소화기능은 노년기까지도 그다지 손상을 입지 않고 잘 유지되고 있지만 타액(침)의 분비가 감소되고 치아가 약해져 음식물을 씹는 활동이 저하된다. 따라서 노년기에는 영양이 되는 음식물의 섭취, 소화, 흡수, 배설 등의 기능 저하를 극복할 수 있는 방법이 모색되어야 하며 부드럽고 소화가 잘 되는 음식물을 섭취해야 한다.

호흡기능 역시 20세 이후부터 나이를 먹음에 따라 폐의 용적이 감소되어 노년기에는 호흡기 감염증이 자주 발생하게 된다. 대개 정상적인 호흡의 횟수는 성인의 경우 1분에 15~18회 정도이다(여러분도 한 번 시험해 보시라!). 한 번의 호흡으로 들이마시고 내쉴 수 있는 폐활량은 연령에 따라 감소하는데 70세의 폐활량은 20세에 비해 50%도 안 된다. 노인의 허파는 공기 수용면적이 작고 호흡 후의 잔류량이 더 많아지며 심장혈액 박출량이 강하지 못하다. 이것은 산소의 전달과 확산을 빈약하게 하여 각 세포에 산소를 원활히 공급하지 못할 수 있다. 따라서 호흡기능의 저하로 기관지 질환과 같은 호흡기 질환의 감염이 흔히 노인에게서 발생하게 된다.

기초대사율이란 휴식상태에서의 산소소모량을 말한다. 노년기 기초대사율은 세포의 전체적인 수효가 감소되고 간 근육과 같은 신체부분 활동이 약해지기 때문에 감퇴된다. 또한 간, 심장 등의 주요기관의 대사도 노화에 따라 감퇴된다. 혈액 속에 당분이 어느 정도 함유되어 있는가를 보는 탄수화물 대사율의 경우, 젊은이에 비해 노인은 신진대사가 늘어 혈당량이 점차 높아지게 되고 이로 인해 당뇨병 발생률이 높다. 노인은 젊은 사람보다 추위에 민감하고 적합하게 반응하지 못하기 때문에 추위에 노출되어 있거나 빈약한 생활조건에 있는 경우에는 체온이 비정상적

노화는 내부 장기의 변화도 동반하기 때문에 노년기에는 정기적인 점검과 건강관리가 중요하다.
출처 : http://scrapetv.com/News/News%20Pages/Entertainment/pages-5/Rush-Limbaugh-still-alive-2010-still-free-of-celebrity-deaths-Scrape-TV-The-World-on-your-side.html

으로 떨어지는 체온 저하증이 나타날 수 있다. 이것은 신체 내에서 많은 열을 생산하지 못하는 특성 때문이며 땀의 분비작용과 순환기관에 의한 신진대사가 원활하지 못하기 때문이다.

혈액은 산소와 영양분을 신체의 각 조직에 운반하고 배설할 노폐물을 운반한다. 정상적인 젊은 성인의 경우 심장박동은 휴식상태에서 1분에 평균 72회 정도 뛴다(여러분도 맥박 수를 확인해 보라!). 혈액순환은 50세부터 둔화되어 노년기에는 심장박동의 리듬이 느려지고 불규칙해지며 흔히 동맥경화와 뇌출혈의 위험이 따르게 된다. 즉 혈관의 세포 내에 지방질이 축적되어 혈관벽이 두꺼워지고 딱딱하게 굳어져 혈액순환을 방해하는 동맥경화증이 생긴다. 이러한 동맥경화 현상이 심하면 조직의 영양보급이 불량해지고 세포의 기능이 저하되어 노인의 장기 기능 저하의 원인이 될 수도 있다. 또한 혈압이 높아질 경우 혈관의 수축이 제대로 이루어지지 않아 동맥경화나 뇌출혈이 발생할 확률이 높다. 연령에 따른 동맥의 변화는 뇌의 혈액 공급에 영향을 미칠 수 있으며, 영구적인 손상을 가져올 수도 있다. 대개 TV 드라마를 보면 뇌출혈이 오는 경우 뒷목을 잡고 쓰러지는 장면을 자주 볼 수 있는데, 이는 사실과는 다르다. 실상 뇌출혈이 발생했을 경우 자신도 모르게 스르르 넘어지듯 쓰러지게 되는 경우가 많다. 아무튼 뇌출혈도 이러한 혈액의 순환의 문제라는 점을 기억해야 할 것이다.

늙으면 잠이 줄어든다고 한다. 보통 인간의 평균 수면시간(약 7시간 반)은 비록 개인차가 있지만 성인들에게 있어 비교적 일정한 편이다. 노년기에는 이러한 수면 양상이 흐트러지기 쉬운데 이것은 주로 노인들의 신체적 활동이 줄어들기 때문이다. 보통 40세 이후부터 전체 수면 시간이 서서히 감소하며 특히 노년기에는 깊은 잠(non-REM)이 줄어드는

데 이러한 현상은 개인의 인지적 활동과 정서 상태에 커다란 악영향을 미친다. 노인의 불면증상은 불안정서, 근심걱정, 가족 간의 갈등, 죽음에 대한 공포, 우울증, 정신 분열증, 신경증의 증상을 유발한다. 따라서 정상적인 정신건강과 신체적 활동을 위해서는 어느 정도 깊은 잠을 이룰 수 있도록 노력해야 할 것이다.

숙면은 건강의 청신호이다. 노년기 불면은 죽음공포, 우울증, 정신분열증, 신경증을 유발할 수 있다. 출처 : http://www.golfonline.co.uk/golf-news/general-golf-news/treating-snoring-could-lead-to-better-golf-scores-nd-19446602.html

노화과정 동안에 정상적으로 소변에서 배설되는 물질의 제거율이 감소되고 요관 및 방광 등의 약화로 소변정체나 요석·방광염 등이 발생할 위험이 커진다. 80대 노인의 신장의 여과율은 신장을 통한 실제 혈액 유출량과 함께 20대 청년의 약 절반 정도이다. 노인들의 공통된 증상으로서 빈번한 배뇨현상이 나타나는데, 이는 남자의 경우 전립선의 확대 때문인 경우가 많고, 55세 이상 남성의 3/4이 이런 증상에 시달린다. 대개 소변이나 대변 등은 개인의 사회적인 학습을 통하여 스스로 자발적인 통제를 하는 부분인데, 걷거나 웃을 때 소변이 흘러나오는 요실금이나 대변이 조금씩 흘러나오는 변실금과 같은 통제의 상실은 노인에게 당혹감과 상실감을 줄 수 있다. 노년기 야뇨증 역시 내장기능 약화가 주된 원인이지만 심리적인 충격과 수치심이 심각한 우울증을 유발할 수도 있다.

우리나라 노인들이 가장 많이 걸리는 병 8가지

노화가 신체적 변화를 가져온다는 것은 다른 말로 하자면 좀 더 자주,

좀 더 많이 아프게 된다는 것이다. '늙으면 아프다', '아프면서 늙어간다' 와 같이 노화에 따른 변화를 대표적으로 꼽으라면 '점점 더 약해지고 더 아파지는 것' 이라고 할 수 있다. 세상에 아프고 싶은 사람은 아무도 없다. 더욱이 대부분의 사람들은 아프다가 이 세상을 떠나는 것을 가장 공포스러운 일로 생각하고 있다. 그렇다면 노년기 노화에 따른 질병에는 어떤 것이 있을까? 예방법은 무엇일까?

혹자는 병원비가 어느 때보다 많이 들어가는 노년기 아픔과 질병에 대하여 소위 '1%의 법칙'을 제시하기도 한다. 즉 대부분의 몸의 기관은 30세경부터 1년에 대략 1%씩 기능이 상실되기 시작한다는 것이다. 이렇듯 서서히 변화와 상실을 거듭하면서 만성 질환의 가능성은 노년기에 이르러 최고조에 이른다. 만성 질환들은 대부분 40~50대에 가장 많이 발병하며, 60대 이상에게서 현저하게 증상이 나타난다. 최근 우리나라의 20대에서 80대를 통과하며 나타나는 주요 질병들로는 고혈압, 관절염, 당뇨병, 골다공증, 위장질환, 척추·요측질환 등이 있다.

우리나라 사람 120만 969명을 무작위로 추출하여 140여 개 질병에 대해 1998년부터 2002년까지 5년간 추적 조사한 '한국인의 질병 부담 2005년 보고서' 가 있다. 이 자료의 결과를 토대로 본 노년기 주요 질병들을 각 질병의 순위와 증상 및 예방법으로 나누어 보기 쉽게 표로 제시하면 다음과 같다.

노인인구가 증가하면 자연스럽게 노인성 질환도 증가할 수 있다. 노년기 질환 관리는 성공적 노화나 노년기 행복감 증진에 중요하다.
출처 : http://www.snyoyang.com/dframe/d...4_3.html

	질환명	발병 원인	증상	예방법
1	당뇨병	• 유전적 요인 • 지방과다섭취 • 약물남용	• 다뇨 • 몸이 야위어감 • 피로와 권태 • 피부 부스럼 • 시력장애(백내장, 망막증 등) • 잇몸 염증 등	• 규칙적인 식사 • 인스턴트 음식 절제 • 충분한 섬유소 섭취 • 규칙적 운동(스트레칭과 근력운동, 주 2회 이상 지속적으로)
2	위·십이지장 궤양	• 흡연, 음주 • 짜고 맵고 뜨거운 식사 • 정신적 스트레스 • 헬리코박터 파이로리균 감염	• 식욕저하 • 메스꺼움과 구토 • 전신 권태감 • 설사	• 알코올, 카페인 등이 들어 있는 음료, 향신료, 차거나 뜨거운 음식 혹은 음료 피하기 • 아스피린, 항생제 등 약물 섭취 또는 사용 피하기 • 일정한 식사시간 유지 • 폭음, 폭식 피하기 • 싱겁게 천천히 먹기 • 충분한 수면과 스트레스 해소
3	천식	• 유전적 요인 • 집먼지, 진드기, 꽃가루, 애완동물의 털 등 알레르기 유발 물질에 반복적으로 노출	• 쌕쌕 소리 • 가슴 답답함, 호흡 곤란 • 심한 기침과 발작	• 자주 청소하기 • 방 안 습도를 40~50%로 유지 • 집먼지, 진드기 등 천식 발병원인 제거 및 회피

(계속)

	질환명	발병 원인	증상	예방법
4	뇌졸중 등 뇌혈관 질환	• 흡연, 음주 • 비만, 운동 부족 • 고혈압, 당뇨, 심장병, 고지혈증 등으로 인한 발병	• 갑자기 팔, 손, 다리에 힘이 빠지고 약해진 느낌 • 얼굴이나 몸 한쪽에 감각이 없는 느낌 • 어지럽거나 균형을 잃는 경험 • 심한 두통	• 담백한 음식 • 금주, 금연 • 고혈압, 당뇨병, 심장병 등 예방 • 운동 • 스트레스 해소 • 심한 정신적 충격이나 분노 피하기
5	류머티스성 관절염	• 관절을 둘러싸고 있는 활막과 주위 연부조직에 만성 염증 • 자가면역설 • 관절염 유발인자 감염(세균, 바이러스, 미생물) • 유전적 소인	• 여러 관절에 발생 • 초기에는 아프고 부으며, 후기에는 관절의 기형과 강직 • 관절이 뻣뻣하고 한참 활동하여 움직이면 다소 부드러워짐 • 미열, 빈혈, 홍채염	• 안정과 운동의 균형 • 통증이 있는 관절은 온찜질 • 지나친 약 의존 금물 • 따스한 옷과 환경 • 균형있는 식사
6	골다공증	• 노화에 따른 골량 감소 및 칼슘흡수감소 • 갑상선 기능 항진증 • 성기능 장애 • 만성신부전 • 류머티스 관절염	• 잦은 골절 • 허리 통증 • 척추 변형으로 허리가 구부러지고 키도 작아짐	• 금연 • 금주 • 규칙적 운동 • 칼슘 섭취
7	심근경색증, 협심증	• 동물성 지방이 많아진 식단 • 스트레스의 증가, 신체활동의 부족 • 동맥경화 악화	• 가슴 앞쪽 강한 통증(30분에서 몇 시간 이상 지속되기도 함) • 가슴이 무겁고 죄는 것 같고 부서지는 느낌 • 가슴을 찌르는 듯한 통증과 쥐어 뜯기는 기분	• 저지방 식생활 습관 • 고혈압이나 고지혈증, 빈혈, 갑상선 기능 항진, 저산소증을 치료 • 금주와 금연 • 여유 있는 생활과 운동

(계속)

	질환명	발병 원인	증상	예방법
8	피부질환 (피부소양증, 대상포진, 건조증)	• 피부 유지방 손실 • 자외선 노출 • 스트레스 • 너무 잦은 목욕	• 가려움증 • 갈라지거나 트는 현상 • 전신 포진 • 괴사	• 잦은 목욕 피하기 • 따뜻한 물에 짧은 목욕 • 지방이 많은 비누 사용 • 유분이 많은 로션 사용 • 햇빛에 장기간 노출 피하기

출처 : 한국인의 질병부담보고서(2005) 기본자료와 대한노인정신의학편(1998)의 제1장을 요약 · 재구성한 것이다.

앞에서 살펴본 노년기가 되어가면서 발생하는 주요 질병들은 대개 주요 사망원인으로 작용하고 있다. 우리나라의 경우 65세 이상 고령자 남성의 사망원인 1위는 암, 2위는 뇌혈관 질환, 3위는 심장질환이며, 여성의 경우는 1위가 뇌질환, 2위가 암, 3위가 심장질환으로 나타난다. 통계청 자료와 비교해 보면, 노년기에 발생하는 주요 질환들과 사망원인은 어느 정도 서로 관계가 있음을 알 수 있다.

개인에 따라 차이를 보이기는 하지만, 연령이 증가함에 따라 신체적 기능의 저하와 심리 사회적 적응 능력의 저하로 질병의 가능성은 증가하게 된다. 특히 고령자일수록 질병은 복합적으로 나타나며 만성화되기 쉽다.

이러한 질환들은 대개 만성적인 경우가 많다. 일단 발병하면 그 치료도 쉽지 않으며, 질병을 안고 살아가야 하니 그처럼 고통스러운 일도 없을 것이다. 이러한 만성질환은 예방과 초기 대응이 중요하다. 금주와 금연, 담백한 식사, 규칙적인 운동, 청결한 환경과 스트레스 해소와 같은 노년기 주요 질환에 대비해 할 수 있는 대처법들은 갑작스럽기보다는 조금씩 여유를 가지고 시작하는 것이 중요하다. 이를 지켜 나가기 위해 필요한 몇 가지 사항은 다음과 같다.

● 노년기 주요 질환에 대비하기 위한 기초 실천 항목들 ●

- 운동 및 식이 요법은 **천천히,** 여유 있게, 익숙할 때까지
- **할 수 있는 것으로**(내가 할 수 있는 것과 내가 하고 싶은 것을 구분할 것)
- 운동, 금주, 금연, 식생활 개선은 **아주 구체적인 실천 방안**을 작성할 것
- **근육 운동 강화**(60세 이후로는 근육 운동 : 유산소 운동을 55 : 45 비율로)
- **꾸준히**(이 점이 가장 중요하다!)

좋다면 뭔들 못 먹으랴?

많은 사람들이 몸에 변화나 기능저하가 왔다는 생각이 들면 우선 먹는 것으로 해결하려고 한다. 우리나라 노인들에게 있어 몸의 변화는 음식을 통한 '보양'이 중요한 치료자원인 것으로 받아들여지고 있다. 자양강장이다, 노화를 늦춘다, 비타민이다, 산삼이다, 자라다, 종류도 다양하다. 구더기가 명약이 되어 약상에 오르기도 한다. 이러한 관심에 따라 노인들을 위한 다양한 건강보조식품들이 넘쳐나고 있다.

그러나 광고에 나오는 이른바 노인에게 좋다는 영양보조제나, 건강보조식품, 비타민, 그리고 한국 노인들이 선호하는 보약들은 실제 광고 효과나 예상 효과보다 노인들의 신체 건강 증진에 크게 기여하지는 않는다. 오히려 균형 잡힌 식사, 신선한 과일, 녹색잎채소, 적절한 단백질 섭취(생선, 가금류, 콩류)가 노인들 건강에는 더 중요하다. 특히 하루 세 번의 규칙적인 식사가 중요한데, 이는 소화능력이 떨어지는 노인들에게

규칙적이고 균형 잡힌 식사가 소화 작용을 돕고 소화력을 강화시키기 때문이다. 다만 육류와 같이 체내 콜레스테롤 수치를 증가시키고, 동맥경화, 고혈압에 영향을 미치는 음식은 피하는 것이 좋다.

최근 식생활이 개선되고 식생활 문화가 향상되면서 노인들에게 고지혈증이나 고혈압, 동맥경화, 대장암과 같은 선진국형 질병이 늘어나고 있다. 콜레스테롤은 우리 몸에 유익한 HDL 콜레스테롤과 우리 몸에 좋지 않은 LDL 콜레스테롤로 나누어진다. 노화가 진행되면서 HDL 콜레스테롤이 LDL 콜레스테롤로 대치되는 경향을 보인다. 따라서 전체적인 콜레스테롤 수치(HDL 수치＋LDL 수치)를 200 이하로 유지하는 것이 중요하다. 이를 위해서는 지방이나 어패류, 치즈와 같은 식품들을 피하는 저(低) 콜레스테롤 식사를 하고, 체중을 줄이며, 규칙적으로 운동을 하는 것이 중요하다. 이렇게 해도 문제가 있을 경우에는 콜레스테롤 수치를 낮추도록 의사의 진단에 따른 처방약을 복용하는 것이 좋다.

규칙적이고 균형 잡힌 식사는 혈압에도 영향을 미친다. 노년기 혈압은 90~166 정도를 유지하는 것이 좋다. 이를 위해서는 소금 섭취량을 줄이고, 체중을 줄이며, 기도나 명상을 통하여 불안감을 줄이는 것이 좋다. 지나친 음주나 불필요한 약물 복용을 피하고 담배도 피우지 않는 것이 좋다. 어느 정도의 음주는 심장질환을 완화시키고 HDL 콜레스테롤 수치를 낮춰 주기도 한다. 그러나 지나친 음주는 기억력을 감퇴시키고, 몸의 균형을 깨뜨리며, 예상치 못한 질병을 불러올 수 있다. 노화가 진행되면서 사람의 뇌와 신경체계는 이전보다 알코올에 민감하게 된다. 노년기 지나친 음주는 알코올로 인한 치매를 유발할 수도 있다.

질병을 줄이고 건강을 증진시키고자 하는 노력은 세대를 초월해 있다. 그러나 생각이나 대화, 관심사가 모두 건강에 관한 것이라면 그 노인은 건강염려증을 의심해 볼 필요도 있다.

비타민보다는 자전거를 사라!

노년학자들 사이에는 이런 말이 있다. "비타민보다는 자전거를 사라!" 노인들에게 그만큼 운동이 중요하다는 것이다. 최근에는 새벽이고 늦은 밤이고 헬스클럽이나 한강변이나 오솔길 등 장소와 시간을 가리지 않고 많은 사람들이 건강에 관심을 두고 운동에 열심이다. 열심히 운동을 하는 이들 대부분은 역시, 노인이다. 노인들이 운동을 하는 이유는 자명하다. 이왕 늙어야 한다면 건강하게 늙자는 것이다. 그렇다면 노년기 운동은 어떻게 해야 할까?

젊은이들과 어깨를 나란히 하며 달리기를 할 수 있다면 이보다 좋을 수는 없을 것이다. 그러나 이렇게 해낼 수 있는 노인은 불과 전체 노인의 1% 미만이다. 대부분의 노인들은 젊은 시절만큼의 폐활량이나 근육량을 가지고 있지 않다. 관절이나 기타 운동에 필요한 신체적 지원이 젊은이들과는 다르다. 그럼에도 불구하고 마음만으로 젊은이들과 함께 나란히 운동에 참여하다가는, 물론 그렇게 참여하려는 사람들도 많지는 않지만, 정말이지 큰 낭패를 볼 수 있다. 내가 알고 있는 한 사람은 63세에 은퇴를 하고 몇 년간 계속 집에 있다가 71세에 심장질환이 발생했다. 그는 병원에서 가벼운 운동을 하라는 의사의 조언을 듣고 본격적으로 운동을 하기로 결정했다. 첫날, 이른 새벽에 일어나 목에 수건을 두르고, 머리에는 파이팅하는 의미로 운동용 머리띠까지 두르고 땀이 날 것에 대비해 얇은 바지와 점퍼를 입고 뛰기 시작했다. 20대에 마라톤 완주도 했던 터라 새로운 시작을 다짐하는 의미로 당시 사용했던 번호표도

겉옷에 달았다. 등번호 173번! 첫 걸음을 떼고 천천히 심호흡을 하며 발길을 옮겼다. 그리고 달리기 시작한 지 20분 만에 구급차 신세를 졌다. 가벼운 심장마비가 왔던 것이다. 정말이지 큰일 날 뻔했다.

노년기 운동 방법의 대표적인 슬로건은 '천천히 그리고 꾸준히(slow and steady)'이다. 처음 시작부터 무리한 운동은 익숙하지 않은 동작과 무리한 근육 사용, 마음의 의도와 동작이 일치하지 않는 데서 오는 심리적인 불편함 등이 동시에 작용하면서 예상치 못한 사고를 당할 수 있다. 그러

자전거는 근육을 강화하면서도 관절에 무리를 주지 않는 대표적인 유산소 운동으로 노년기 취미이자 운동으로 적절하다.
출처 : http://openjb.co.kr/bbs/view.php?id=sisaopi&no=259

니 자신에게 맞도록 아무리 생각해도 지루하다 싶을 정도로 천천히 시작해야 한다. 이를테면, 운동을 시작한 첫 2~3일은 10분씩 맨손 체조와 가볍게 마당 돌기 정도를 실시하고, 점차 시간을 늘려가는 방식을 택하면 좋다. 천천히 여유를 가지고 시작하는 게 중요하다는 것이다.

규칙적인 운동은 노년기 건강 유지에 중요한 기능을 한다. 물론 노인들의 신체적인 조건을 고려한 것이라야 한다. 복합적인 노인성 질환을 가진 이들에게는 매일 가벼운 걷기가 좋다. 병상에 있는 이들은 가볍게 팔과 다리를 들어 올리고 내리거나 침대 주위를 걷는 것도 좋다.

노년기 규칙적인 운동은 우울증을 예방하며 생활만족도를 증가시킨다. 꾸준하고 규칙적이며 자신의 건강에 맞는 운동은 장수를 약속한다.
출처 : http://homecare.or.kr/100062155458

최근 대중화되고 있는 수중 에어로빅(일명 아쿠아로빅)은 신체에 큰 무리를 주지 않으면서도 노인들에게 건강을 유지하는 좋은 운동용법으로 알려져 있다.

건강상태가 이보다 좀 더 나은 노인들의 경우 동네를 산책한다거나 슈퍼마켓이나 백화점과 같은 넓은 실내 공간을 걷는 것을 권한다. 집 안에서 15분에서 30분 정도 걷는 것도 좋다. 가벼운 요가도 노인들에게 몸의 균형을 주고 유연성을 연습하기에 좋다. 건강상태가 좋은 노인들의 경우는 좀 더 먼 거리 걷기, 수영 혹은 조깅이 스트레스를 줄이면서 몸의 균형 상태를 유지하는 데 좋다. 그러나 자신의 몸 상태에 비해 지나치게 많은 운동은 오히려 역효과가 날 수 있으므로 조금씩 운동의 양을 늘려가는 것을 기억하라!

● 노년기 운동 시 지켜야 할 사항 ●

- 사고의 위험성을 최소화해야 한다.
- 피로하지 않는 범위 내에서 팔과 다리를 많이 사용하도록 한다.
- 노인의 욕구, 건강상태, 장비와 시설, 개인의 기호 및 시간을 고려한다.
- 관절부위나 근육에 무리 주지 않는 운동을 선택해 한 시간 정도 지속할 수 있는 강도로 운동할 수 있어야 한다.
- 운동의 강도를 본인 건강에 맞게 조절을 해야 한다.
- 운동 전후에 가벼운 보행이나 스트레칭으로 가볍게 몸을 푼다.

노년기 신체 건강을 강조한다는 것이 새삼스럽기까지 하다. 우리나라 의료비용의 증가를 보면, 대개 65세 이상에서 의료비가 급격히 증가하는 것을 볼 수 있다. 의료비가 이렇게 갑자기 증가하는 이유는 실제 65세 이상에서 노화에 따른 신체적인 기능 저하와 감염 때문이기도 하지만, 또 다른 이유가 있다. 즉 이전에 하지 않던 운동을 갑작스럽게 시작하면서 몸이 미처 적응을 하지 못하고 과도한 충격을 못 이겨 다치거나 쓰러지는 것이다. 심한 경우 골절이나 졸도, 경우에 따라서는 사망에 이르기도 한다. 다시 말해, 자신의 수준에 맞는 운동을 '조금씩 자주' 하는 것이 무리 없이 건강을 유지해 나가는 방법이다.

노년기 인지 변화 그리고 황혼의 덫, 치매

몸만 건강하면 성공이라고 생각하는 사람은 아무도 없다. 벌써 중년기가 넘어가면 기억력이 현저히 떨어진다고 말하는 사람들이 많다. 가끔씩 자신을 돌아보면 자신의 기억력이 옛날 같지 않다는 것을 알아차릴 수 있다. 한 노인은 "억울한 일 말고는 별로 기억나는 게 없다."라고 고백 아닌 고백을 하기도 했다.

한 강사의 말을 기억해 보자. "이 강의를 들으시는 여러분, 중년을 넘어섰다면 굳이 누군가의 강의를 적으려 하지 마세요! 써놓아도 어디에 썼는지도 모르고, 쓰더라도 고개를 들면서 내용을 모조리 잊어버리니 말이에요." 노화가 진행되면서 지능도 떨어지는 것일까?

일반적으로 연령 증가에 따라 지능이 감퇴한다고 여겨지고 있다. 그러나 그 쇠퇴의 비율은 생각한 것보다 그리 심각한 것이 아니다. 지능은 노화에 따라 일률적으로 쇠퇴한다고 말하기 힘들며, 노인의 교육 수준, 세대 간의 차이, 사회 경제적 지위, 건강상태 등의 요인들을 고려해야 하는 복

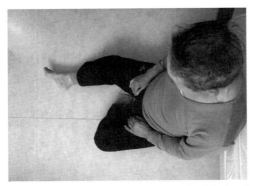
심각한 인지적, 행동적 변화와 관계적 단절을 가져오는 치매는 황혼기 노인들이 가장 두려워하는 질병이다.

잡한 측면이 있다.

지능과 기억력은 어떤 관계일까? 지능이 높은 사람이 기억력도 좋을 가능성이 높다. 그러나 지능과 기억력을 무조건 연결시킬 수는 없다. 기억력은 유아기에서 아동기에 걸쳐 급속히 증가하다가 그 후 차차 증가의 속도가 둔화된다. 그러다가 청년기의 어떤 시기의 정점에 달한 뒤 일정기간 동안 같은 수준을 유지하지만 노년기에 접어들면서 서서히 감퇴한다. 나이가 들면서 최근 기억에 대한 상실이 과거에 대한 기억 상실보다 많이 일어나며, 기계적인 암기의 기억보다는 논리적인 것의 기억력이 더 감퇴된다.

나이가 들면서 생리적으로 뇌가 노화되는 것은 어쩔 수 없는 일이다. 알려진 것처럼 인간의 뇌세포의 성장은 일반적으로 대학 입시의 시기인 18세가 최고조이며, 그 후로는 노화의 길로 접어든다. 약 150억 개나 되는 뇌세포가 18세 이후에는 하루에 10만 개씩 죽어 나가고 있으니 노년기에 기억력의 저하는 하나의 과정인 셈이다. 게다가 알코올에 자주 노출되거나 외부에서 강한 충격이 가해지면 그보다 약 10배인 100만 개가 죽는다고 한다. 그러나 실제 18세 정도부터 뇌세포가 죽어 간다고 해서 18세의 청년과 60세의 노인을 비교하였을 때 60세 노인의 능력이나 뇌기능이 떨어지는 것은 아니다.

우리의 기억력은 크게 기명력(記銘力), 보지력(保持力), 상기력(想起力)으로 구성되어 있다. 예를 들어 목욕탕에 갔다고 하자. 기명력은 입구에서 돈을 내고 여탕/남탕 문을 찾아 들어가며 내가 목욕비를 냈다는 것을 기억하는 힘이다. 보지력은 목욕비가 얼마인지, 전에 내가 그 목욕탕에 갔었는지를 기억하는 능력이며, 상기력은 몸이 근질근질해지면 목욕탕을 떠올려 발길을 목욕탕으로 돌리는 힘이다. 노화가 진행되면 기명력이 가장 먼저 떨어진다. 치매는 이 세 가지가 거의 동시에 떨어지는 경우를 말한다.

기억력의 저하와 함께 노인은 대개 학습과정을 통한 능력의 성취도 면에서 젊은이보다 떨어진다. 연령이 증가할수록 과업수행이나 작업성취도 같은 학습능력이 저하되기 때문이다. 그러나 학습기간과 반응기간의 길이가 충분할 경우 노인에게 있어서 청년층보다 학습의 증진이 더 많이 일어나기도 하며, 학습재료가 의미 있고 동기가 충분하면 젊은이들과의 차이가 줄어들 수 있다.

연령이 높아질수록 문제해결 능력이나 사고능력도 저하된다. 그러나 사고능력과 문제해결 능력은 교육 수준, 지능 및 직업 등에 영향을 받게 된다. 또한 문제해결에 대한 훈련을 미리 받으면 다시 그 능력이 증진될 수 있으므로 노년기에 사고능력 및 문제해결 능력을 높이기 위해서는 이런 고려가 필요하다. 다시 말해, 노년기에 기억력이나 사고능력, 학습능력, 문제해결 능력이 떨어진다고 해

평생교육 붐이 일고 있다. 노년기 지속적인 학습과 운동은 치매를 예방하고 노년기를 더욱 풍성하게 한다.
출처 : http://www.idomin.com/news/articleView.html?idxno=203242

도, 사회적으로 왕성하게 활동하고 알코올과 약물류를 남용하지 않으며, 심리적인 스트레스를 줄이는 경우 노년기에도 최상의 정신 건강을 유지할 수 있기 때문이다.

노년기에 건강하게 사회생활을 유지하고 정신건강을 유지하기 위한 이론적인 접근은 1960대부터 있어 왔다. 초기에는 분리이론이 주목을 받았다. 분리이론에서는 노인이 되면서 사회적인 관계에서 멀어져 스스로에게 몰입되는 것을 정상이라고 보았다. 그러나 이 연구의 대상들은 주로 치료를 요하는 정신적 혹은 신체적인 건강상태(우울증, 치매 혹은 기타 질병들)에 있는 사람들이었다. 이후에 활동이론가들은 정상적이고 건강한 노화에 대한 모델을 제시한 바 있다. 이 이론에 따르면 정신적, 신체적으로 보다 왕성하게 사회 활동에 참여하며 관계를 형성하는 사람들이 성공적인 노화에 도달하고 있다. 신체 건강을 위해 균형 잡힌 영양 공급이 필요한 것처럼 노인들의 정신적, 심리적 건강을 위해서도 충분한 감정적 교류와 적절한 대인관계와 같은 균형 있는 관계가 필요하다.

노년기에 건강한 인지상태를 유지하기 위해서는 알코올이나 진정제, 수면제와 같은 정신 건강에 부정적인 영향을 미치는 요인들을 피하는 것이 중요하다. 노년기에 접어들면서 중추신경계와 뇌는 이러한 물질들에 대해 보다 민감하게 반응하기 때문이다. 특히 지나친 음주를 할 경우 노인들은 젊은 사람들보다 혈중 알코올 지수가 더 많이 올라가며 치매와 같은 정신 질환에 걸릴 가능성이 높아진다.

무엇보다 노년기 인지와 정신 건강에 있어 가장 핵심적인 요소는 긍정적인 사고방식과 행동이다. 노년기에 겪는 여러 가지 상실들, 즉 배우자의 상실, 악화된 건강, 재정적 악화, 친구들의 사망과 같은 상실들은 노인들로 하여금 부정적인 생각과 무기력함, 절망감, 포기하고 싶은 마음을 갖게 한다. 이때에 긍정적인 사고는 현실적인 어려움들을 극복하고 보다 만족스런 노년기를 보내는 데 중요한 역할을 하게 된다. 긍정적인 사고와 행동은 노인들의 자신감을 고취시키고, 대인관계, 기억유지에서도 긍정적인 영향을 미치게 된다. 다른 이들을 돕고, 다른 발달 단계에 있는 사람들에게 지혜를 전수하며, 종교를 통해 기쁨을 만끽하는 등의 적극적인 행동은 노인들의 우울감을 낮추고 자신감과 생활 만족감에 긍정적인 영향을 미친다.

이러한 인지변화를 모르더라도 노년기에 우리는 공통적인 공포를 갖게 된다. 황혼의 암으로 알려진 치매 때문이다. 내가 알고 있는 어떤 사람의 노모는 19살에 청상이 되어 아들 넷을 다 키우고, 출가를 시킨 뒤 자신을 돌보는 큰 아들에게 모든 재산을 다 넘겨주었다. 얼마 후 노모가 치매를 앓게 되면서 노모의 거처는 따로 지어져 있던 골방으로 옮겨졌다. 집을 나가 방황을 한 적이 있기 때문에 바깥 자물쇠에 숟가락을 꽂아 노모가 나오지 못하게 했다. 자주 대소변으로 옷을 더럽혔기에 노모에게는 하루에 한 끼만이 제공되었다. 그렇게 지낸 지 1년 2개월 만에 노모가 돌아가셨다. 그리고 동네에는 흥미로운 이야기가 돌았다. 그 가족들이 노모가 사망한 시간을 모른다는 것이었다. 아들은 새벽 4시라고 하고, 며느리는 아침 8시라고 하니, 정확한 시간을 돌아가신 노모 밖에는 모를 일이 되었다. 장례가 끝나고 아들은 노모가 지내던 골방을 부숴 버렸다. 후에 들은 이야기지만, 며느리는 늘상 동네주민들에게 이렇게 말하곤 했다고 한다. "그 미친 노인네 왜 안 죽나 몰라. 뭐가 서러워서 안 죽나 몰라."

치매라면 세계인이 두려워하는 노인성 질환이다. 본래 치매라는 용어는 희랍어 'demens'에서 유래하며, 원래의 뜻은 'mad(미친)'이다. 이른바 노인성 치매라고 불리는 알츠하이머는 일명 '노인의 에이즈'로 불리며 환자 자신의 생존능력과 인격을 파괴할 뿐 아니라 가족원들의 삶에도 정신적 고통과 사회적 부담을 주고 있다.

치매는 그 종류도 많아 노인성 치매, 혈관성 치매, 두부 외상으로 인한 치매, 파킨슨병으로 인한 치매 등 100여 종에 이르고 있다. 노인성 치매 혹은 SDAT(Senile Dementia of Alzheimer's Type)는 뇌에 영향을 미쳐서 점진적으로 기억, 생각, 행동에 손상을 일으키는 진행성 그리고 퇴행성 질환이다. 혈관성 치매는 뇌 속에 있는 크고 작은 혈관이 좁아지거나 막혀서 뇌기능에 장애가 오는 경우로 70~80대의 노년층에서는 뇌의 내부에 있는 기저핵에 혈액을 공급해 주는 중대뇌 동맥의 하나인 세동맥이 막히면서 국소경색이 다발적으로 일어나 치매를 일으킨다.

세계에서 가장 빠르게 고령화가 일어나고 있는 우리나라에서는 1997년 8.3%, 2000년 8.2%의 노인성 치매 환자가 발생했으며, 2020년에는 9%에 달할 것으로 예상되고 있다. 특히 80대가 넘어가면서 노인성 치매환자가 급격하게 늘어나고 있는 것은 평균수명이 연장되고 노인인구가 늘어날 미래에 치매에 대한 사회적인 대책이 필요하다는 점을 말해준다.

『정신장애의 진단 및 통계 편람 제4판(DSM-Ⅳ)』에 의하면, 치매는 기억장애와 인지장애 가운데 최소한 1개 이상을 포함하는 복합적인 인지 결손의 발생이다. 즉 말을 잃어버리는 실어증, 일상적인 행동을 하지 못하게 되는 실행증, 사람을 알아보지 못하게 되는 실인증, 일부 행동을 수행하는 데 어려움을 보이는 실행 기능의 손상, 인지 결손은 직업적,

사회적 기능이 방해될 정도로 심하고 병이 발생하기 이전의 기능 상태보다 저하되어 있어야 한다.

기억장애는 치매 진단에 있어서 필수적이며 치매의 뚜렷한 초기 증상이다. 치매가 있는 개인들은 대개 새로운 정보를 학습하는 데 장애가 있거나 과거에 학습한 내용을 망각하게 된다. 치매 환자들은 지갑이나 열쇠 같은 중요 물건을 잃어버리거나 난로 위에서 음식을 요리하고 있다는 사실을 잊어버리거나 낯선 동네에서 길을 잃기도 한다. 치매가 진행되면 기억장애가 심해지고, 이에 따라 자신의 직업, 학교, 생일, 가족을 망각하고 심지어 자기 이름까지도 잃어버린다.

언어 기능의 장애(실어증)는 사람과 사물의 이름을 말하는 데 어려움이 있는 것으로 나타난다. 실어증이 있는 경우 모호하고 공허하며 장황하고 빙빙 돌려 말하는 어투와 '결혼'과 '냉장고' 등의 단어가 생각나지 않아 '그런 일'이나 '그것' 등의 대명사를 사용한다. 또한 말을 이해하고 글로 쓰인 문장을 이해하는 능력이 손상되어 있고 말을 따라 반복하는 능력도 손상되어 있다. 치매가 더 진행되면 환자는 점점 말이 없어지게 되고, 반향 언어증(들은 대로 반복하기) 또는 동어반복증(소리나 단어를 계속적으로 반복하기)이 특징적인 언어장애로 나타난다.

치매가 있는 경우 실행증이 나타나기도 한다. 운동기능, 감각기능, 지시를 이해하는 기능이 정상인데도 어떠한 행동을 실행하는 능력에 문제가 온다. 어떤 물건의 용도를 동작으로 흉내 내거나(예 : 빗질하기) 어떤 행동(예 : 잘 가라는 손짓)을 하는 능력이 손상된다. 실행증은 요리하고 옷을 입고, 그림을 그리는 등 일상적인 행동에 장애를 초래한다.

실인증은 감각 기능이 정상인데도 사물을 인지하거나 구별하지 못하는 것이다. 예를 들어 시력이 정상임에도 불구하고 의자나 연필 등의 사

지적 기능	• 사물 이름을 잘 기억하지 못한다. • 물건을 잘 잃어버린다. • TV 드라마 등이 이해되지 않는다. • 간단한 계산을 빠른 시간 내에 할 수 없다. • 전철에서 내리는 역을 지나가 버린다. • 약속을 기억하지 못한다. • 날짜와 시간을 잘 잊어버린다 • 가족의 생일이나 이름을 잊어버린다.
생활 기능	• 수돗물이나 가스꼭지 잠그는 것을 잊어버린다. • 익숙한 길을 잃어버린다. • 특이한 복장을 한다. • 씻기를 싫어한다. • 음식을 태운다. • 약을 복용하는 것을 잊어버린다. • 의자와 연필 같은 일상생활용품을 구별하지 못한다. • 소대변을 아무 곳에서나 본다. • 이해할 수 없는 행동을 한다. • 음식에 대한 강한 집착을 보인다.
감정	• 화를 잘 내거나 잘 운다. • 우울하거나 밖에 나가지 않는다. • 감정의 기복이 심하다. • 평소에 하지 않던 심한 욕설을 퍼붓는다.
의지와 관심	• 끈기가 없다. • 흥미가 없어졌다. 관심이 없다. • 자신감이 없어졌다. • 특정 물건에 집착하며 혼자 지낸다. • 강한 소유욕을 보인다(특히, 음식과 돈).

6) 대한치매학회(2006). 치매 임상적 접근. 서울: 아카데미아. 제3장을 재구성함.

물을 구별하지 못한다. 결국 그들은 가족이나 심지어 거울에 비친 자신의 모습도 인식하지 못하게 된다.

치매의 종류는 100여 가지가 넘는다. 그중 가장 잘 알려진 것은 알츠하이머와 노인성 치매, 혈관성 치매로 우리나라에서 가장 흔한 치매의 형태이다.

알츠하이머병은 치매를 일으키는 많은 질환들 중에 가장 흔한 것으로 독일인 의사인 알로이스 알츠하이머(Alois Alzheimer)의 이름을 따서 그 병명이 붙여졌다. 1906년 알츠하이머 박사는 당시로는 매우 희귀한 뇌신경질환으로 생각되는 병을 앓다가 사망한 여자의 뇌조직의 병리학적 변화를 관찰하여, 이 병의 특징적인 병리 소견들을 발견하였다. 그가 발견한 것은 어떤 비정상적인 물질들이 모여 있는 집합체들(Plaques; 노인성반)과 신경세포 안에서 신경원 섬유들이 비정상적으로 꼬여 있는 경우였다. 그 외에도 알츠하이머병 환자에게서 발견되는 주요한 특징이 드러났다. 곧 기억과 그 외에 다른 지적 능력을 유지하는 데 중요한 뇌 부위에 있던 신경세포들이 많이 없어지는 현상과 이러한 뇌신경세포 사이에서 오가는 아주 복잡한 신호들을 서로 전달해 주는 데 필요한 어떤 특정 화학물질의 양이 현격히 떨어지는 것이었다.

알츠하이머는 아주 가벼운 건망증에서 시작하여 점차 언어 구사력, 이해력, 읽기 및 쓰기 능력 등의 장애를 가지고 오게 된다. 알츠하이머병에 걸린 환자들은 불안해하기도 하고, 매우 공격적이 될 때도 있으며, 방향 감각을 상실하여 집을 잃어버리기도 한다.

알츠하이머병에 걸릴 위험 요소들로는 고령, 유전적인 요소들, 머리에 심한 충격, 항산화성 영양소 결핍 등이 있다. 여성의 경우 남성보다 더 발병률이 높으며, 전신 마취 수술과도 연관이 있다.

알츠하이머의 초기 증상으로는 쉽게 피로하고, 쉽게 화내고, 걱정이 많으며 우울증 증상을 나타내며 말이 적어지게 된다. 새로운 변화에 잘 대처하지 못하여 익숙한 길을 잘 따라가지만, 새로운 길로 갈 때는 자주 길을 잃어버리게 된다. 대화 중에 자연스럽게 대화를 잇지 못하고 자주 머뭇거린다. 기억력 실수로 인한 사실을 부정한다든지 어떤 일이나 다른 사람들에게 자신의 실수를 떠넘기려 한다. 좀 더 병이 진행되면 기억력 상실이 악화되고 계속 반복하여 같은 질문을 하기도 한다. 또한 올바른 결정을 하지 못하고 가족이 도움을 주려고 하거나 아무런 반응이 없을 때에도 매우 화를 낸다. 능숙한 운전자였더라도 운전을 하지 못하게 되고 운전 장애물에 대해 빨리 대처하지 못하게 된다. 이 단계로 병이 진행되면 오래된 친구의 이름을 기억하지 못하게 되고 사회적 활동이 어려워져서 사회적으로 더욱 고립되게 된다. 알츠하이머형 치매 말기 증상으로는 육체적 능력을 상실하여 옷을 입은 상태로 목욕하는 것을 볼 수 있는데 이 시기에는 반드시 치료를 받아야 된다. 그때는 자주 가족 및 자신을 구별하지 못하게 된다. 결국 걷지도 못하게 되고 접촉 감각도 완전히 상실하게 되어 타인의 지속적인 간호가 필요하게 된다.

영화 〈금발의 초원(On the Golden Prairie)〉에는 80세 주인공 노인이 자신을 20대 청년이라고 생각하고 간병을 온 20대의 여성을 사랑하게 되는 장면이 있다. 20대 청년이 연기하는 80대의 행동 특성과 알츠하이머 증상은 우리나라 사람들이 이른바 '예쁜 치매'라고 부르는 귀엽고도 앙증맞기까지 하다. 그러나 실제 알츠하이머는 영화에서 나타나는 것보다 훨씬 심각한 경우가 많다. 알츠하이머형 치매는 연령에 관계없이, 심할 경우 30대 연령층에서도 발병할 수 있다. 2004년에 상영된

〈내 머릿속의 지우개〉라는 영화 속에는 알츠하이머형 치매에 걸린 30대 여성이 등장한다. 이러한 설정은 불가능한 상상이 아니다. 초로성 치매는 30대에도 올 수 있다.

노인성 치매는 초기에는 기억력 감퇴, 우울증, 인지력 감퇴 등의 증세를 나타내며 점차 병세가 발전하면 정서적 안정감을 잃고 난폭해지며, 인지력을 완전히 상실하여 인간성을 유지하지 못하게 된다. 노인성 치매는 노화과정에서 여러 가지 원인들에 의해 발병한다.

혈관성 치매는 발병하는 치매 가운데 높은 수치를 차지하는데, 뇌혈관들이 막히거나 좁아지거나, 반복되는 뇌졸중(중풍 또는 풍)에 의해서도 나타날 수 있다. 뇌 안으로 흐르는 혈액의 양이 줄거나 막혀 발생하기도 한다. 팔, 다리의 마비가 오거나 언어장애나 구동장애 또는 시각장애 등도 흔하게 나타난다. 대개는 일단 발생하면 완치될 수 없으나, 초기에 진단을 받고 적절한 치료를 받으면 악화는 막을 수 있다.

이 외에도 손떨림이 현저한 질병으로 권투선수였던 무하마드 알리를 괴롭히는 파킨슨씨병이나 신경세포에서 발견되는 단백질 덩어리인 루이 소체로 인한 치매, 뇌의 신경세포들이 선택적으로 파괴되어가는 헌팅턴

치매 예방·관리 10계명

1 손을 바쁘게 움직이자　　6 몸을 많이 움직여라
2 머리를 쓰자　　　　　　7 사람들과 만나고 어울리자
3 담배는 뇌를 태운다　　　8 보건소 무료 검진을 받자
4 과도한 음주는 금물　　　9 가능한 한 빨리 치료 시작
5 건강한 식습관을 기르자　10 치료·관리는 꾸준히 하자

치매는 예방과 지속적인 질병 관리가 필수적이다. 진행성 질환이기 때문에 일단 발병하면 철저히 관리해야 한다.
출처 : 한국치매협회, 대한치매학회

병 등 다양한 종류가 있다.

치매 환자 본인과 가족들의 고충은 크고도 깊다. 과거에는 치매 환자의 경우 대개 7~8년 정도 경과가 나빠지다가 사망하는 경우가 많았으나, 최근에는 15년 이상, 길면 25년까지 생존하는 경우도 있다. 이 기간동안 환자 자신도 고통스럽고, 또한 보호자가 병상을 지켜야 하는 경우가 많다. 발생하는 비용과 정신적, 육체적 고통으로 대부분의 보호자들은 '긴 병에 효자 없다'라는 말을 실감하게 된다.

자녀가 열 명이라도 치매 노인 한 명을 돌보기가 어려운 것이 사실이다. 최근 노인수발보험에 대한 안건이 국회를 통과하였다. 실버시터(silver sitter), 노인돌보미 바우처도 등장하였다. 어떤 형태든 노인들을 돌보기 위한 다양한 사회적 서비스가 제공되기 시작하였다. 그러나 고령화 속도와 제공되는 사회적 서비스의 증가 속도는 여전히 일치하지 않는다.

치매 노인 입장에서 부르는 시가 있어 함께 읽어보고자 한다.

간병인 구함![7]

*****나는 중기 치매환자다****

내 자신이 소중하듯
보잘 것 없는 바보 같은 치매라도
아름답고 값진 인간임을 시인하는

7) http://www.alzza.or.kr/ezboard/ezboard.asp?mode=view&idx=4683&id=memoir
  &page=26

이런 간병인을 구함!

내 자유가 소중하듯
치매의 자유도 존중할 수 있는
그런 간병인

치매가 많은 실수를 저지를 때
내 자신의 실수를 떠올리며
치매를 감싸 안는 간병인

자신의 잣대로
치매를 재지 말고
치매의 키높이대로 잴 수 있는 간병인

치매의 잘못을 '너 때문이야'가 아닌
'내 탓이야'로 볼 수 있는 여유 있는 간병인

떨어지지 않는 발걸음에
손잡아 일으키고
느림보 걸음에 함께 갈 수 있는 간병인

나를 진정 사랑하고
내가 믿을 수 있는
이런 간병인을 구합니다

성격 변화와 적응

성격은 지속하는 측면과 변화하는 측면, 둘 모두를 갖고 있다. 그러나 통념적으로 노인들의 성격 특성의 변화와 적응 형태에 관해서는 몇 가지 고정관념이 자리잡고 있다.

- 노인은 고집불통이고 기억을 잘 못하며, 아무것도 배울 수 없다.
- 노인이 되면 뇌가 퇴행하여 자연히 정신질환을 갖게 된다.
- 노인은 사망의 공포에 사로잡혀 있다.
- 노인에게 상실은 자연스러운 일이다.

그러나 노인들은 정신적으로나 경제적으로 안정감을 가지길 원하고 여전히 충분히 좋은 기억력을 가지고 있는 경우가 많다. 또한 아직도 무언가 할 수 있음을 보고 싶어 하고 배우기를 원한다. 친구나 자녀들과 정서적이고 감정적인 유대관계를 유지하기를 원하고 건강하게 오래 살기를 원하며 자신들의 존재가치를 인정받고 싶어 한다.

'부처님 가운데 토막' 에서 '쫌쫌씨' 로

나의 아버지는 동네에서 자타가 공인하는 '부처님 가운데 토막' 으로 통했다. 호인(好人)으로 유명했지만 불행히 심장질환으로 일찍 퇴직을 하고 60세에 귀농을 해야 했다. 경기도 이천에 새로운 거처를 마련하고 농사를 시작한 지 15년. 시간이 흘러가면서 아버지에게는 '부처님 가운데 토막' 말고 새로운 별명이 붙었다. 쫌생이. 평생 아버지를 그토록 존경하던 어머니가 붙인 아버지의 새 별명은 나에게는 자못 충격이었다. '부처님 가운데 토막' 에서 '쫌생이' 로 전락한 별명을 얻게 된 아버지는 2년 전 자신에게 덧씌인 '쫌생이' 딱지에 대해 논박했고, 이후 아버지의 별명은 바뀌었다. '쫌생이' 에서 '쫌쫌씨' 로.

노인이 되면 이전의 성격이 본격적으로 나오게 되는 것일까, 아니면 성격이 변하는 걸까? 학자들은 이 궁금증에 두 가지 주장을 한다. 노년기 성격에 관한 첫 번째 주장은 이전 성격이 큰 변동 없이 유지된다는 것이다. 이전 발달 단계의 상황에 대한 적응력이나 인식 양식이 노인이 되어서도 거의 유사하게 유지되고, 이는 성격의 일관성과 밀접히 관련되어 있다는 주장이다. 다시 말해, 이전 발달 단계의 주위 환경에 대한 대처가 노년기에도 여전히 유지된다는 것이다.

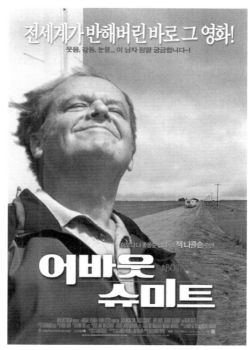

영화 〈어바웃 슈미트〉는 은퇴 이후 적응하는 과정에서 노인들이 겪는 일상적인 문제들과 성격적응을 다루고 있다.

　개인성격 특성이 노년기에도 일관성을 가지고 유지된다는 주장이 있는 반면에 변화한다는 주장도 있다. 주어진 사회적 역할에 따라 성격 역시 결정되기 때문에 노인은 자신에게 적합하지 않은 상황을 맞게 되면서 성격도 변하게 된다는 견해이다. 노년기가 되어 신체적 기력이 감소하고 이에 따라 건강저하에 적응하면서, 은퇴를 통한 사회적 관계의 변화에 적응하면서, 경제적 구조의 변화에 따른 적응 과정에서, 배우자 사별과 같은 또래들의 사망과 그에 따른 변화에 적응하면서 노인의 성격은 변화하게 된다는 것이 그 주장의 핵심이다. 이때 노인들은 동료 노인과의 관계 형성하기, 사회적 역할에 융통성 있게 대응하기, 만족스러운 신체활동에 대한 계획 세우기 등을 변화에 적응하기 위한 과정으로 갖게 된다. 노년기에 성격은 이 요소들에 얼마나 적응하느냐에 따라 결정된다.

사회심리학자 에릭슨(E. Erikson)은 인생 발달 단계를 8단계로 나누고 각 단계마다 발달 과제가 있다고 하였다. 노년기에 달성해야 할 과제는 통합성이다. 통합성이란 노년기에 들어서면 자신이 지금까지 살아온 생애를 돌아보면서 자신의 생애가 가치 있는 삶이었는지를 살펴 삶의 의미를 긍정적으로 받아들이는 적응 상태를 말한다. 에릭슨은 인생의 각 단계에 해야 할 숙제인 '발달과업'을 잘 수행했다면, 노년기에는 '통합'이라는 열매를 거두게 된다고 말한다.

에릭슨은 심리사회발달 단계를 제시하면서 성격 변화의 과정과 생애 주기에 따른 과업수행 사이의 관계를 설명하였다. 그에 의하면 노인들은 중심성 경향, 내향적 경향, 새로운 지식이나 의사결정, 사고와 행동, 오랜 경험에 신중하게 반응하고, 폐경기 반응으로 생리적 변화인 생식능력 상실에 따른 노화를 실감하게 된다. 이 과정에서 60세 이후에 나타나는 제8단계인 노년기에는 내향성과 수동성, 조심성, 경직성, 우울증 경향, 과거에 대한 회상, 친숙한 사물에 대한 애착심이 증가하며, 성역할 지각의 변화와 의존성이 증가한다.[8] 그러나 이런 과업 수행과정은 결국 노인을 '통합성'의 수준에 오르게 할 것이다.

노인들의 성격은 적응의 문제이다.

에릭슨이 말한 노인의 성격 특성의 변화와 비슷한 맥락으로 레이차드

8) Erikson, E. H.(1968). *Childhood and society*. New York: Norton.

(N. S. Reichard)는 노인의 성격 유형을 다섯 가지로 나누어 구체화하였다. 첫째 는 자신의 삶을 긍정 적으로 평가하고 일 상생활에 적극적으 로 참여하며 현재에

노년기 성격 적응은 다른 사람들과의 상호작용을 통해 보다 긍정 적이고 건강한 방향에서 이루어질 수 있다. 사진은 영화 〈버킷리 스트−죽기 전에 꼭 하고 싶은 것들〉의 한 장면.

충실한 성숙형, 둘째, 사회활동에서 은퇴를 경험한 후 노년기를 수동적 이고 조용히 사는 은둔형, 셋째, 늙음에 대한 불안을 방어하기 위해 사 회활동을 계속하는 무장형, 넷째, 늙음에 대한 비통함과 실패의 원인을 시대와 경제의 탓으로 돌리는 분노형, 다섯째, 자기 비난이 강하고 심 리적인 박탈감을 자학적인 형태로 표현하는 자학형이다. 레이차드는 성숙형, 은둔형, 무장형은 노년기에 비교적 잘 적응하는 형태로, 분노 형과 자학형은 부정적 적응의 형태로 분류하고 있다.[9]

노년기 성격에 대한 연구에서 빠지지 않는 또 다른 학자가 뉴가르텐 (B. L. Neugarten)이다. 뉴가르텐은 노년기 성격연구를 위해 미국의 미주리주 캔자스시티에 거주하는 40~90세의 정상인 700명을 7년간 반복 면접하여 노년기 성격의 주요 형태를 통합된 성격, 방어적인 성격, 수동−의존적인 성격, 비통합적인 성격으로 나누어 제시하였다.[10]

9) Reichard, S., Livson, F., & Peterson, P. G.(1962). *Aging and personality: A study of eighty-seven older men.* New York: John Wiley.
10) Neugarten, B. L. & Berkowitz, H. et al.(1994). Personaltiy in middle and late life. New York: Atherton Press.

첫 번째, 통합된(integrated) 성격을 가진 이들은 복잡한 내면생활을 하고 동시에 완전한 인식 능력과 충분한 자아감을 가지고 기능을 충분히 하는 사람들이다. 이들은 삶의 충동성을 잘 조절하며, 유연하고 새로운 자극에 개방적이며 성숙하다. 이들은 삶의 만족도가 높으며 동시에 많은 역할에 따라 분리된다. 통합된 성격도 세분화하여 살펴볼 수 있다. 재구성형(reorganizers)은 은퇴했을 때 공동체 일이나 종교 활동 혹은 다른 조직에 헌신하는 사람들로, 자신들의 활동 유형을 재조직한다. 초점형(focused)은 삶에 대한 만족도는 높지만 활동 수준은 중간 정도이며 시간에 따라서 선택적인 활동을 하며 한 가지나 두 가지 역할로부터 주요 만족을 얻도록 에너지를 투자하는 특징을 가지고 있다. 유리형(disengaged)은 삶의 만족도가 높지만 낮은 활동 단계를 보여 준다. 외부 세계에 흥미를 가지고 있지만 사회적 상호작용의 연결망에 깊이 관여하지는 않는다. 앞의 두 그룹과 마찬가지로 자신을 높게 평가하지만 일은 별로 없고 혼자 잘 지내는 사람들이다.

　두 번째는 방어적인(defensive) 성격이다. 이 성격을 소유한 사람들은 노력형이며, 야망이 있고 성취를 이루려는 성격 유형으로, 불안에 대항하는 방어력과 충동적인 삶을 조절할 수 있는 능력을 가지고 있다. 방어적 성격은 계속형과 위축형으로 세분된다. 계속형(holding-on pattern)은 노년을 위협으로 보고 가능한 한 중년기 상태를 유지하려고 일에 매달리는 사람들로, 삶의 만족도가 비교적 높다. 한편 위축형(constricted pattern)은 노화에 대해 감각적으로 반응하며, 상실과 결정에 몰입되어 있고, 낮은 활동 수준을 보이며 대체로 낮은 삶의 만족도를 유지한다.

　세 번째는 수동-의존적 성격이다. 수동성과 의존성을 주요 특징으로 갖는 이 성격은 구원 요청형과 무감각형으로 나뉜다. 구원요청형(suc-corance seeking)은 가족구성원에게 심리적으로 의존하며, 활동 수준과 삶의 만족도는 중간 정도이다. 이들은 자신의 감정적인 요구들을 충족시켜 주고 자신들이 의존할 수 있는 두세 명의 사람들이 있다면 잘 지낼 수 있다. 한편 무감각형(apathetic pattern)은 수동적이고 활동 수준이 낮으며 삶의 만족도도 낮다. 이런 사람들은 무감각, 무기력하여 완전히 수동적 행동을 하며, 오랜 기간 동안 수동적이고 냉담한 성격을 강화해 온 사람들에게 나타나는 것으로 보인다.

네 번째는 비통합적인 성격이다. 이들은 심리적인 기능에 커다란 결점이 있고 사고과정에서의 퇴보와 감정 조절 능력이 상실된 사람들이다. 이들은 공동체에서 살기는 하지만 활동이나 삶의 만족도 모두 낮다. 특히 이들은 판단능력 결핍으로 정서적 반응의 일관성이 부족한 사람들로, 불안 반응을 보이며 격한 감정이나 우울 감정을 나타내는 경향이 있다.

노년기 성격 유형이 여러 가지이지만 레이차드나 뉴가르텐이 성격 유형을 결정하는 주요 공통 요인으로 꼽은 것은 노인이 사회에 얼마나 적응하는가였다. 이 두 학자의 성격 구분에 해당되지 않는 유형도 물론 있다. 따라서 반드시 어떤 영역, 어떤 구분에 포함된다, 아니다의 문제라기보다는 그 사람이 얼마나 노년기 관계와 환경에 적응하고 살아가는가가 중요하다. 노년기 성격은 좋다, 나쁘다로 판단할 것이 아니라 노년의 삶의 적응에 따른 문제인 것이다.

두 번째 이야기

노인과 사회문제

최근 노인들이 늘어나면서 '노인문제'가 심각하다고들 한다. 정말 '노인'이 문제인가? 젊은 사람들의 '인식'의 문제는 아닌가? 노인들을 졸지에 천덕꾸러기 신세로 만들어버린 그 말을 옳게 표현할 수 있는 말은 무엇일까?

1. 노인인구 증가에 따른 사회 현상들

장수 노인에도 무술 급처럼 수(壽)가 있다. 100세면 상수(上壽), 80세면 중수(中壽), 60세면 하수(下壽)라 한다. 불과 몇십 년 전만 해도 60세만 되어도 장수 노인 대열에 들었지만 최근에는 환갑잔치조차 잘 하지 않는다. 60세에 환갑잔치를 하면 "요새는 애들도 잔치하나?"라고 한단다. 덕분에 고희연(古稀宴)이 중년을 졸업하고 받는 첫 번째 잔치상이 되어버렸다. 정말이지 서울 종묘 공원에서 65세는 명함도 못 내민다. 머리가 좀 검다 싶어도 70세가 넘은 사람들이 대부분이고, 머리가 좀 희거나 연세가 있겠다 싶으면 85세를 훌쩍 넘긴 사람들도 많다.

노노 개호

얼마 전 한 방송에서 70세 된 아들이 90세 노모를 업고 하루도 빠짐없이 동네 구경을 시켜 드리는 장면을 보았다. 이렇듯 최근에는 이른바 늙은 자식이 늙은 부모를 봉양한다는 의미의 '노노(老老) 개호(介護)'가 늘어나고 있다. 이런 일은 점차 흔해질 전망인데 이는 급격히 늘어난 평균수명 덕이다.

평균수명은 불과 100년 사이에 20세 이상 늘어났다. 역사상 이런 일은 한 번도 없었다. 최근의 추이만 보아도 평균수명의 증가가 가파른 경

노모와 늙은 아들이 식탁을 앞에 두고 벌이는 신경전을 다룬 연극 〈특별한 식탁〉에서는 고령사회에서 벌어질 수 있는 일상의 사건들을 볼 수 있다.

사를 보이고 있음을 알 수 있다. 한국인의 평균수명은 1971년 남성 59세와 여성 66세, 1981년 남성 62.3세와 여성 70.5세, 1991년 남성 67.7세와 여성 75.9세에서 1997년에는 남성 70.6세와 여성 78.1세로 남녀 모두 70세를 넘었고, 2001년에는 남성 72.8세, 여성 80세가 되었다. 2002년 평균수명은 77.0세가 되었다. 향후 2020년에는 평균수명이 81.0세, 2030년에는 81.9세로 늘어날 전망이다.[1] 이건 '평균' 수명이니, 실상 90세가 넘는 이들도 상당히 많을 것이다.

노인인구 증가와 평균수명 연장이 비단 우리나라에서만 일어나고 있는 일은 아니다. 노인인구의 증가는 20세기 이후 전 세계적으로 나타나는 현상이다. 다만 우리나라 노인인구의 증가가 평균수명의 증가와 함께 지속적으로 실시된 인구 억제 정책의 결과이기도 하다는 것에는 이견이 없다. 몇십 년간 펼쳐온 인구 억제 정책은 적게 낳고 적게 사망하

1) 통계청(2006). 2005년 고령자통계.

는 이른바 소산소사(小産小死)형의 인구 구조를 낳았다.

고령화 속도 세계 1위, 농촌은 이미 초고령 사회!

우리나라는 세계 1위 종목이 이미 다양한데, 최근 세계를 제패한 부문이 있으니, 바로 '고령화 속도'이다. UN 보고서는 전체 인구 중 65세 이상의 노인 인구가 4% 미만이면 유년 인구(young population), 4~7%이면 성년 인구(mature population), 7% 이상이면 고령 인구(aged population) 국가로 분류한다. 고령 인구는 다시 65세 이상 노인이 인구 7%를 넘는 고령화 사회(aging society), 14% 이상의 고령사회(aged society) 그리고 20% 이상의 초고령사회(super-aged society)로 구분된다. 우리나라 노인의 인구 비율은 1960년 2.9%로 72만 6,450명에서 1995년 5.9%, 2000년에는 7.0%를 넘게 되었다. 다시 말해 2000년부터 우리 사회는 이른바 고령화 사회로 진입한 것이다. 통계청은 2004년 기준으로 2018년에는 14.3%로 고령사회가 되고, 2026년에는 20.8%에 이르는 초고령 사회로 돌입할 것으로 전망했다. 이른바 '압축적 고령화(the compressed aging)'가 일어나고 있다는 것이다.

이미 고령화 사회를 지나 고령사회를 향하고 있는 우리나라는 다가올 초고령화 시대를 준비해야 한다.
출처 : http://online.kofst.or.kr/Board/?acts=BoardView&bbid=1074&nums=5885

1960년과 비교해 보면 노인인구가 전 인구의 14.3%에 이르게 되는 2018년에는 10배를 넘어서게 된다. 노인인구의 증가와 더불어 고령화 지수도 증가하였다. 고령화 지수란 유년인구(0~14세)의 비율에 대한 노년인구(65세 이상 인구)의 비율을 말하는 것이다. 우리나라는 2004년 43.3%에서 2019년에는 102.3%에 달하게 된다. 이 정도 속도는 고령화 지수 면에서 보면 페라리 스포츠카를 타고 아우토반을 달리는 셈이다.

이미 고령사회에 진입한 프랑스나 스웨덴, 미국, 일본 등과 같은 선진

● 인구 고령화 속도 국제 비교 ●

국가 \ 노령인구 비율	도달 연도			증가 소요 연수	
	7%	14%	20%	7%→14%	14%→20%
프랑스	1864	1979	2019	115	40
노르웨이	1885	1977	2021	92	44
스웨덴	1887	1972	2011	85	39
호주	1939	2012	2030	73	18
미국	1942	2014	2030	72	16
캐나다	1945	2010	2024	65	14
이탈리아	1927	1988	2008	61	20
영국	1929	1976	2020	47	44
독일	1932	1972	2010	40	38
일본	1970	1994	2006	24	12
북한	2002	2032	–	30	–
한국	2000	2018	2026	18	8

출처 : UN, The Sex and Age Distribution of World Population.
　　　일본 국립사회보장 · 인구문제연구소(2005).
　　　OECD(2006).

국들과 비교해 볼 때 우리나라는 유례 없이 빠른 속도로 고령화 사회로 진입하였다. 노인인구가 전 인구에서 차지하는 비율이 7%에서 14%까지 도달하는 데 걸린 시간을 보면, 프랑스 115년, 스웨덴 85년, 일본 26년인 것에 비해 우리나라는 19년으로, 고령사회가 매우 급속하게 다가오고 있다는 것을 알 수 있다. 그만큼 우리나라는 단기간에 노인인구가 급증하고 있는 것이다.

우리나라 15세 미만 어린이 수는 1970년대 가족계획정책과 더불어 빠르게 감소하고 있다. '덮어놓고 낳다 보면 거지꼴을 못 면한다' 라던 1970년대와 달리 지금은 애를 더 낳으라며 수당도 지불한다. 그럼에도 여전히 유아 인구는 점차 줄고 있다. 2007년까지 어린이 인구가 노인인구의 두 배 정도를 유지하고 있지만 2018년 즈음에는 노인들이 어린이보다 많아지고, 2030년경에는 완전히 역전되어 노인이 어린이의 두 배가 될 전망이다. 지금 학교를 다니는 아이들이 앞으로 15년쯤 뒤 처음으로 입사를 하게 되면 지금 첫 입사를 하는 청년들보다 훨씬 얇은 월급봉투를 받게 될 것이다. 생산활동인구(15세 이상 65세 미만 인구) 10명당 부양해야 할 65세 이상 노인 수는 2004년 1.21명 수준에서 2020년 2.13명, 2050년 6.25명으로 급증할 것으로 추산되고 2050년이 되면 부담이 지금보다 5배 이상 증가하니 그 부담을 고스란히 아이들이 지고 가는 셈이다. 6·25 전쟁 후에 태어난 베이비붐 세대들이 2020년 무렵부터 본격적으로 노인인구로 편입되고, 출산율은 갈수록 떨어진다면 노인 부양 부담은 더욱 커질 것이다.

이러한 고령화는 이미 초고령 시대를 걱정할 만큼 가까이 다가왔다. 특히 농촌의 고령화 속도는 가히 놀랄 만큼 빨라, 이미 우리나라 농촌은 초고령화를 달성한 지 오래다.

점차 노인인구가 늘어가면서 노인 취업이 바늘구멍 들어가기보다 어려워지고 있다. 인천시 노인취업정보센터에서 40여 명의 노인들이 강사의 말에 귀를 쫑긋 세우고 열심히 취업 관련 공부를 하고 있다.

출처 : http://enews.incheon.go.kr/main/php/search_view_new.html?idx=3445&section=12&section_sub=27&pg=25

은퇴한 후 충청도에 전원주택을 짓고 사신 지 3년째 되는 한 교수님께 전화를 드린 적이 있었다. 안부 인사를 하고 사는 곳이 어떤지 묻자, 대뜸 "여기는 천국이야, 천국! 영감 할망구들만 있으니 영감할망구 천국이지. 나도 여기 천국 구민이야!" 하며 한참을 웃으셨다. 정말이지, 핵가족화와 도시화가 진행되면서 농촌에 남은 사람들은 노인들뿐이라 해도 과언이 아니다. 얼마 전 경기도 이천시 설성면에서는 한 달 동안 단 한 명의 아이가 태어나 면장님이 직접 나서서 주민들을 이끌고 축하하러 갔는데, 참석한 축하객의 95%가 노인이었다고 한다. 저출산이 이 에피소드의 주제일까? 저출산은 젊은이들이 많은 도시 이야기이고, 농촌은 고령화를 넘어서 '초고령화'가 이슈가 되어야 할 것이다.

농촌지역의 경우 1990년에 65세 이상 인구비율이 9.0%에 이르러 고령화 사회, 2000년에는 14.7%로 이미 고령사회가 되었다. 도시지역의 65세 이상 인구비율이 1990년에 3.6%, 2000년에는 5.5%이었던 것을 고려하면 이는 실로 큰 차이이다. 통계청 보고에 따르면, 2005년 인구주택총조사 결과 농촌(읍면부)지역의 65세 이상 인구 비율은 18.6%로 도시(동부)지역의 7.2%보다 훨씬 높게 나타난다. 도시지역의 65세 이상 인구비율은 2000년 5.5%에서 2005년 7.2%로 1.7% 증가한 반면, 농촌지역은 2000년 14.7%에서 2005년 18.6%로 3.9% 증가한 것으로 나타났다.

우리나라 농촌지역을 시도별로 나누어 고령화 정도를 살펴보면, 2005년 인구주택총조사 결과 시도별 65세 이상 인구비율은 전남이 17.7%로 가장 높았고, 경북(14.4%), 충남(14.2%) 순이었으며, 울산이 5.3%로 가장 낮았다. 또한 시군구별 65세 이상 인구비율은 전북 임실군이 33.8%로 가장 높았고, 경북 의성군(32.8%), 경남 의령군(32.3%) 순이었으며, 울산 동구가 3.6%로 가장 낮게 나타났다. 2005년 결과를 2000년과 비교하여 보면 전남, 경북, 충남, 전북 등 4개 시도는 65세 이상 인구비율이 14%를 초과하여 고령사회에 진입했다. 또한 2000년에 총 29개의 시군구가 65세 이상 인구비율이 20%를 넘는 초고령 사회였으나 2005년에는 63개에 달했고 이 중 14개 군은 30%를 넘어섰으며 이미 총 35개의 시·군·구가 고령인구 비중이 20%를 초과하여 초고령 사회에 진입하였다.

넓은 들에 익은 누런 곡식들은 대부분 노인들의 수고와 땀방울로 자란 것이다. 대부분 젊은 층의 자녀들이 교육과 취업을 목적으로 도심으로 이동하고, 노인 부모는 농어촌에 그대로 남아 있으니 알곡은 노모(老母)의 손길로 모아진 셈이다. 젊은 자녀들과 분리되어 살아감에 따라 개인적으로나 마을 전체에 대소사가 있을 경우, 60~70대 노인들이 종횡무진 움직이는 광경은 농촌지역에서 더 이상 새롭지 않다.

이런 고령화 현상 때문인지 농촌에서는 새로운 장례문화가 만들어지고 있다. 농촌에 가면 연반계(延燔契)라는 것이 있다. 연반계란 계원 중 누군가가 상을 당하였을 때 필요한 재물 등을 조달해 주며 상부상조하는 모임을 말한다. 그나마도 업체를 부를 환경이 안 되면 더욱 특별한

상여를 멜 젊은이들이 없어지면서 연반계를 들어 노인들이 상여를 메게 되자 궁여지책으로 수레바퀴를 단 상여가 등장하였다.

출처 : http://www.ohmynews.com/NWS_Web/view/at_pg. aspx?CNTN_CD=A0000386661

상황이 벌어진다. 과거 10명의 장정이 메고 가던 상여는 최근 '전통문화재현'을 위한 도구로 사용되는 경우가 대부분이다. 그래도 농촌지역에서는 상여가 나간다. 다만 상여를 메는 사람이 없고 동네 리어카를 개조하여 그 위에 상여를 올린 일명 '구르는 상여'를 마을에서 가장 젊은 한 사람이 끌고 (아마도 두 번째로 젊을) 다른 한 사람이 뒤에서 민다. 그나마 끄는 사람이나 미는 사람도 60, 70대가 대부분이다. 농촌에서는 60대가 도시의 20, 30대 역할을 해내는 핵심 인력들이다.

농촌이나 도시나 노인들이 늘어가는 것은 기정 사실이다. 그중 여성노인들의 증가도 눈여겨볼 만하다. 경로당이나 노인정에 가면 대부분이 여성노인들이다. 남성노인들이 그곳에 나오지 않는 경향도 영향을 미치겠지만, 보다 분명한 사유는 여성노인이 수적으로 훨씬 많기 때문이다. 우리나라 노인 성비 구성을 보면 이유가 좀 더 분명해진다. 우리나라를 포함한 대부분의 국가에서 여성노인이 남성노인보다 많다. 2009년 고령자 통계에 따르면 65세 이상 남성 인구는 6.1%, 여성노인 인구는 9.7%를 차지하고 있다는 점도 그렇지만, 100세 이상의 생존 비율을 보면 더욱 그렇다. 2009년 청려장(100세 이상 노인에게 건강과 장수를 기원하는 의미로 주는 장수지팡이)이 총 884명(남 170명, 여 714명)에게 증정되었다. 장수노인 비율 역시 여성이 현저하게 높은 것을 알 수 있다. 여성들이 본래 오래 살도록 되어 있는 것인지, 아니면 남편의 사망이 여성의 장수를 돕는 것인지 분명하게 말하기는 어렵지만, 어느 정도 영향을 미치는 것으로 알려져 있다. 여성들의 높은 생존비율은 향후 노인복지의 방향 설계에도 영향을 미치게 될 것이다.

　그러니 남성 중심의 가부장적 권위가 여전히 경로당에서 영향력이 클 것이라는 생각은 오해다. 강력한 카리스마적 남성들의 권세는 가고, 부드럽게 나누어 돌보는 여성들의 세상이다. 경로당과 노인정의 평균 남녀비율은 남성 : 여성=3 : 7이다. 앞으로의 인구 추이를 보더라도 이 비율이 크게 달라질 것 같지는 않다.

노년기 부부 단독 세대 증가와 연장된 부부 생활 기간

2000년 65세 이상 인구의 30.8%는 3세대 이상 가구에 거주하고 있으며, 1세대 가구(부부로 구성된 가구) 거주비율은 28.7%, 2세대 가구는 23.9%로 나타났다. 한편 노인 혼자 사는 1인 가구는 16.2%로 나타났다. 그러니까 아직은 혼자 사는 경우보다는 손주들 재롱을 보며 함께 사는 가정이 많다는 것이다. 그러나 손주들과 같이 살고 있는 노인들의 모습을 보기는 점점 어려워질 전망이다.

　1990년에 비하여 1세대 가구는 증가(11.8%)한 반면, 3세대 이상 가구는 크게 감소(−18.8%)하였다. 이 말은 혼자 사는 노인들이 급격히 증가했다는 것이다. 연령별로 보면 65~69세 연령층은 1세대 가구에, 70세 이상은 3세대 이상 가구에 가장 많이 거주하고 있는 상황이다. 연령이 증가하면서 3세대 가정이 증가하게 된다는 말인데, 노년기 만성질환과 연령 증가에 따라 일상생활 동작 정도가 저하되면서 3세대 가정이 형성되는 경우가 있다.

그러나 최근 우리나라 노인들의 평균 수명이 늘어나고, 노인들이 과거보다 더 건강하며, 핵가족화가 진행되면서 노인 홀로 혹은 노인 부부 단독으로 세대를 형성하는 경우가 늘어나고 있다. 불과 한 세대 전만 해도 노인들은 자녀와 함께 살며 부양을 받는 것을 당연하게 여겼다. 그러나 과거와는 달리 현대의 적지 않은 노인들이 자녀들과 분가하여 단독으로 살아가거나 살기는 원한다. 물론 노인들이 자녀들과 살고 싶어하지 않는 경우와 다르게, 자녀가 함께 살기를 거부하여 노인이 집을 떠나는 이른바 '노인 분가' 역시 증가하고 있다. 이런 추세 때문에 최근 노인 독거나 노인 부부 주거 형태가 증가하고 있다.

통계청에 의하면 고령인구 3,347명 중 29.9%인 1,001명이 3세대 가구에 가장 많이 분포해 있고 다음이 1세대 가구(28.7%), 2세대 가구(23.9%)순이며 노인 혼자 사는 1인 가구도 543명으로 전체의 16.2%를 차지했다. 1995년에 비하여 2000년에 3세대 이상 가구는 크게 감소(8.8%)하고 1세대 가구는 5.4%, 혼자 사는 1인 노인 가구는 2.9% 증가하였다. 이런 추이로 볼 때 고령자 1세대 가구와 1인 노인 가구는 향후 점차 늘어날 것으로 예상된다. 이런 증가는 노인들의 빈고(貧苦), 고독사(孤獨死)와도 연결된다.

우리나라 평균 혼인 연령은 2005년 남자가 30.9세, 여자는 27.7세이다. 서른을 전후하여 결혼하고는 평균 80세까지 살게 되니, 결혼 기간이 싱글로 있는 때보다 2.5배는 되는 셈이다. 최근 통계를 보아도 65세 이상 노인의 유배우자율이 1990년에 47.2%에서 2000년에는 52.0%로 증가하였다. 이러한 증가는 의료 기술의 발전과 생활 수준의 향상 등으로 앞으로도 꾸준히 지속될 것으로 예상된다. 2000년 65세 이상 인구의 혼인 상태를 보면 유배우자 52.0%, 사별 47.0%, 이혼 0.7%, 미혼

0.3%의 순으로 나타났다. 연령별로 보면 연령이 많아질수록 유배우 및 이혼은 감소하고, 사별은 증가했다. 1990년과 비교하면 유배우자가 4.8% 증가한 반면, 사별은 5.4% 감소한 것으로 나타났다. 연령별로 비교하면 65~69세 연령층이 유배우자 7.7% 증가, 사별 8.6% 감소로, 증감폭이 가장 높은 편이다.

노인인구가 증가하면서 자녀들 출가 이후 노인 부부만 사는 세대가 증가하고 있다.
출처 : http:// blog.chosun.com/

급변하는 사회 속에서 가족 단위가 점점 핵가족화되어 감에 따라 노년 부부 단독 세대는 빠르게 늘어나고 있다. 자녀와 분가해 혼자 또는 부부만 사는 노인이 53.1%이며, 그중 도시지역은 43%, 농어촌지역은 68.1%가 자녀와 분리되어 살고 있다. 이러한 현상은 남녀 개별 단위가 아닌 가족 연구 입장에서 살펴볼 때, 가족주기상 노년기가 연장되고 있음을 보여 준다. 이것은 과거에 비해 노부부들이 함께 지내는 시간이 늘어나고 이에 따라 노년기 부부관계가 그만큼 중요성을 갖게 되었다는 점을 시사한다.

60세 이상 노인들이 앞으로 살고 싶은 곳으로 자신의 집을 꼽고 있는 것도 향후 노인 단독 세대의 증가를 예측하게 해 준다. 이는 여러 세대가 함께 생활하는 대가족제도에서와는 달리 노년기 부부 단독 거주로 인해 배우자와의 협응이 매우 중요해지고 있음을 말해 준다.

쉰(old) 디지털 세대, 은빛 시장을 열다!

몇 해 전 부천시의 한 복지관에서 몇 주간의 강의를 진행했다. 하루는 좀 더 일찍 도착하여 복지관의 프로그램과 진행이 어떻게 이루어지고 있는가를 살펴볼 수 있었다. 노인복지관에는 컴퓨터 교육실이 있었는데, 항상 만원이었다. 뒷문을 열고 살짝 들어가 흰머리 성성한 노인들 틈에 끼어 두리번거리던 중 정말이지 깜짝 놀랐다. 대부분의 노인들이 이메일이나 신문이나 웹서핑을 하고 있는 데 반해 한 노인이 마우스를 이리저리 옮기며 사진을 편집하고 있는 것이 아닌가? 살짝 다가가 노인에게 이게 뭐냐고 묻자, "이건 포토샵이야. 젊은 사람이 이것도 모르나? 사진을 편집도 하고 그러는 거야. 이리 앉아봐!" 들어는 봤어도 해본 적은 없었던 포토샵의 다양한 기능과 능숙한 노인의 손놀림에 두 번 놀라고 말았다.

노인복지회관이나 사회복지관을 가본 사람이라면 노인교육과목 중 가장 인기 있는 과목이 컴퓨터라는 것을 잘 알 것이다. 이미 상당수의 노인들이 컴퓨터 세상에서 새로운 삶을 살고 있다. 인터넷상에서 동아리 활동도 하고, 노인전용카페도 만들어 가면서 온라인 활동이 활발히 벌어지고 있다.

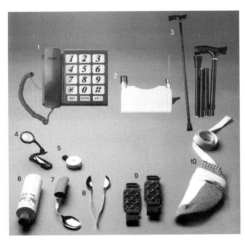

노인인구 증가로 노인소비자가 증가하면서 실버마켓이 새로운 가능성의 경제공간으로 부상하고 있다. 번호 순서대로 빅버튼 전화기, 자동으로 바늘에 실 꿰는 기계, 플래시 달린 지팡이, 돋보기 손톱깎기, 수화음 증폭기, 물 없이 사용하는 샴푸, 손잡이 변형 숟가락, 다기능 집게 숟가락, 미끄럼 방지 안전 슈즈 벨트, 레보 퀼트 양말 서포트.
출처 : http://woman.joins.com/article/article.asp?
Page=3&aid=657&code =01020300

65세 이상 교육희망자가 받고 싶은 교육 부문을 살펴보면, '컴퓨터 관련 교육'이 48.9%로 가장 많다. 특히 남성노인들의 수요는 가히 폭발적이라 할 수 있다. 인터넷을 할 줄 모르면 노인복지관에서는 외면당하기 일쑤이다. 하루 종일 TV만 보면서 무료한 일상을 보내던 노인의 모습은 이미 옛 이야기가 되었다. 아날로그식 세대는 갔다.

현재 우리나라에서 노인들을 대상으로 한 정보화 교육의 실시기관은 크게 세 가지로 구분된다. 첫째, 우체국 정보교육센터에서 주·야간으로 운영하는 노인 컴퓨터 교육반이 있다. 지난 2000년 7월 처음 시작돼 현재 전국 60여 개 우체국에서 노인들을 상대로 컴퓨터 교육을 실시하고 있다. 둘째는 실버넷 운동이다. 이 운동은 지난 2000년 하반기부터 시작된 노인정보화지원사업의 일환으로 전국 대학의 유휴시설과 인력을 활용하는 방식이다. 즉 대학별로 지역사회의 노인 40명을 모집, 대학 강사와 공간을 제공할 경우 정부가 예산을 지원하는 방식이다. 2002년 80여 개 대학이 실버넷 운동에 참여하고 있으며 실버넷 운동으로 인한 수혜자만도 5,000명을 넘어섰다. 셋째, 종합사회복지관 및 노인복지회관에서 운영하는 노인교실이다. 현재 전국의 100여 개 이상의 기관이 노인을 대상으로 한 다양한 컴퓨터 교육원을 운영하고 있다. 대부분 주소지와 가까운 복지관에 문의하면 쉽게 안내를 받을 수 있다.

최근에는 컴퓨터가 없는 노인들도 무료로 컴퓨터를 배울 수 있으며 거동이 불편한 노인들의 경우 온라인 교육을 받을 수 있다. 원하는 경우 노인들은 정보화 상담에서 시작하여 컴퓨터 일반, 인터넷, 프로그래밍, 멀티미디어 등 다양하고 전문적인 컴퓨터 교육프로그램과도 접할 수 있다.

노인을 대상으로 하는 정보화 교육의 내용은 노인들의 학습 능력을 고려하여 실생활에 도움이 되는 기본적인 PC 사용법과 인터넷 활용법 위주로 진행되며 정보검색, 인터넷 쇼핑 그리고 인터넷 뱅킹, 바둑, 열차예매 등 노인들에게 유용한 정보들을 중심으로 교육된다.

이러한 정보화 교육의 영향으로 컴퓨터 보급이 일반화되면서 직업 일선에서 컴퓨터를 사용해 온 젊은 노인들(young-old)은 물론이고 교육을 받은 상당수의 노인들이 컴퓨터를 자유롭게 사용할 수 있으며, 컴퓨터 교육이 일반화되면서 상당수의 노인들에게 컴퓨터는 일상 속의 도구가 되어 가고 있다. 한 조사에 의하면, 인터넷 사용이 가능한 노인들의 74% 이상이 매일 인터넷을 이용하며 이메일 서비스를 가장 선호하는 것으로 나타났다. 비록 이 연구가 연구 대상자의 80%를 60대 초반의 노인으로 하고 있지만, 이는 앞으로 노인이 될 사람들이 가질 중요한 생활 특성으로 간주될 수 있다.

인터넷은 노인들에게 휴식처, 재정, 건강관리, 계류 중인 법안의 영향력 등에 관한 정보를 제공해 주고 유사한 관심사를 가진 사람들을 만나게 해 준다. 정보뿐만 아니라 노인들과 특별히 관련 있는 정서적이고 사회적인 이슈들에 대해 상호 소통하게 해 준다. 실제로 인터넷을 이용하는 노인들은 "육십 평생 동안 사귀었던 친구들보다 은퇴 이후에 인터넷을 배우면서 사귄 친구의 수가 훨씬 더 많아졌다."라며 인터넷이 노인들의 고립을 해소하고 활기찬

시트콤 〈거침없이 하이킥〉에서 노인이 인터넷을 통해 야한 동영상을 보고 있는 장면. 노인들의 컴퓨터 사용은 최근 정보수집 이상의 의미를 가지게 되었다.

인생을 재설계하는 데 매우 효과적인 도구라고 말하고 있다. 또한 최근 노인들을 대상으로 하는 정부지원 컴퓨터 교육 보급과 초고속 인터넷망의 확산에 따라 농촌지역까지 인터넷 교육이 활성화되고 있으며 도시와 농촌 간 인터넷 사용 격차도 점차 줄어들고 있다.

노인들의 인터넷 사용은 노인 생활에서도 새로운 가능성의 장을 열었다고 볼 수 있다. 친구와의 이메일 교환뿐 아니라, 쇼핑에서도 노인들은 새로운 소비 계층으로 부상하고 있다. 젊고 경제적 능력을 갖춘 노인들이 인터넷 쇼핑에 새바람을 일으키고 있다.

내가 몸담고 있는 상담현장에서도 마찬가지이다. 대개 노인 상담은 전화 상담이나 면접 상담으로 이루어지는 경우가 많았다. 그러나 자신이 노출되기를 꺼리는 노인들의 경우 직접 상담의 장에 뛰어들기가 쉽지 않은 것이 사실이다. 아이디를 쓰니 익명으로 문제를 드러낼 수 있고, 비용이 저렴하거나 무료이니 상담비에 대한 걱정도 덜 수 있다. 어디 그뿐인가. 원하는 때면 언제든 컴퓨터를 켜서 실시간으로 시름과 걱정을 풀어놓을 공간이 있으니 일석다조라고 할 것이다. 상담현장에서 이미 인터넷 상담은 21세기 노인들의 삶의 질을 변화하게 하며, 인생의 변화과정을 나누도록 노인 상담의 새로운 무대가 되고 있다.

노인인구 증가와 인터넷 사용으로 인한 노인들의 정보사용 증가로 새로운 시장이 형성되고 있다. 이른바 은빛 시장(silver market)이 그것이다. "젊은이들이 시장을 지배하는 시대는 끝났다. 빠른 속도로 성장하며 영향력을 확대하는 새로운 인구집단이 등장하고 있다."[2] 미래학자 피터

2) 피터 드러커(2002). 『Nest Society』. 이재규 역. 서울: 한국경제신문.

드러커의 말이다. 그가 말한 인구집단은 '55+'로 불리는 55세 이상 노인들, 이들은 미래시장의 주체로서 불타는 실버마켓의 주역이 될 것이라는 예견이다.

실제로 고령화가 가속화되면서 노인들의 구매력이 증가하고 있다. 이른바 '은빛 시장'이 활성화되고 있다. 즉 노인인구의 급속한 증가와 노인들의 경제적 여건 향상으로 노인시장이 유망시장으로 떠오르고 있다. 노인인구 구성비율이 증가할수록 그만큼 노인 소비자는 증가한다. 과거와는 달리 미국, 일본 등 선진국의 경우처럼 정년퇴직 후에도 연금, 저축, 자본소득 등의 고정소득원을 갖고 있는 부유한 노인층이 증가할 것이 예상되고, 핵가족화 등 라이프 스타일의 변화로 노인소비자의 소비성향도 점차 높아질 것으로 예측된다.

실버산업(silver industry)이란 말은 1970년대 후반 일본의 민간기업들이 노인을 대상으로 한 비즈니스에 관심을 갖게 되면서 생성된 말이다. 저출산 고령화가 일찍 진행된 일본의 경우 실버마켓은 지난 2001년 40조 엔 규모로 추정되고 있으며, 앞으로 5년 후인 2015년을 전후해 100조 엔 규모로 급팽창할 것으로 관측되고 있다. 이에 따라 일본 기업들은 실버마켓을 미래의 성장동력으로 활용하기 위한 전략 수립에 골몰하고 있다. 상장 기업의 3분의 1은 이미 실버 비즈니스에 진입해 있거나 진입을 검토 중일 정도다.

일본과 비슷하게 미국이나 유럽에서 노인시장(elderly market, mature market), 실버마켓, 실버 비즈니스(silver business)란 말로 불리며 엄청난 규모의 시장을 형성하고 있다. 엘더 호스텔(elderhostel)이나 은퇴촌(retirement community)은 노인들이 중심이 되는 시장으로 잘 알려져 있다. 엘더 호스텔은 미국 매사추세츠 주 보스턴에 있는 55세 이상의 노인들에게 교육과 여행 서비스를 제공하는 노인판 유스호스텔이다. 연간 25만 명 이상이 참가할 정도로 성황을 이루고 있는 이 서비스를 중심으로 다양한 연계 서비스 프로그램이 상업적 목적, 곧 마켓을 형성하고 있다. 또한 은퇴촌은 건물 개보수 서비스, 24시간 보안 서비스부터 시작하여 휠체어, 보행기, 간호용 리프트, 노인용 매트 등 다양한 실버용품 판매가 기업을 중심으로 활발하게 이루어지고 있다.

이처럼 노인시장이 팽창하자 기업들도 노인 소비자들에 대한 인식을 새롭게 하고 있다. 이미 유럽과 미국, 일본 등 선진국가들에서는 기업들이 노인들의 구매욕구와 구매행동을 파악하고 상품개발, 촉진활동 등 마케팅 전략을 적극적으로 펼치고 있다. 일본의 경우 노인시장의 규모가 이미 100조 엔을 훨씬 넘었고, 미국의 경우 고급승용차의 48%와 호화여행의 50%를 점유하고 있다는 것만 보아도 노인 시장의 규모를 알 수 있다.

소비 분야 역시 보다 생활에 가까운 영역, 주거와 여가, 안전 영역 등까지 확산되어 있다. 일본의 경우 노인 소비자가 비용을 지불하고, 건강한 생활 서비스 회사(The Firm Healthy Life Service)가 서비스를 제공한다. 이 회사는 재택 목욕, 가사도우미 파견과 재택 간호 서비스와 케이터링(식사 제조 및 출장 배달 서비스) 등을 제공하고 있다. 또한 세콤(SECOM)은 노인 소비자들을 위한 건강 관련 서비스에 관심을 두고 '건강제일(My Care)'이라는, 의자 같지만 사실 건강에 위험한 신호를 체크하여 그것들을 병원으로 보내주는 기계를 판매하고 있다. 이 기계는 팔과 발판의 센서가 2분 안에 맥박과 혈압, 체중을 기록하고 등받이에 있는 작은 컴퓨터가 그 데이터를 전화선을 통해 전송해 주는 서비스 상품이다. 또한 중노년자들의 여행을 위한 상품들은 단순히 여행만을 제공하는 것이 아니라 의료점검과 여행 동안 도우미가 집을 돌보게 하는 서비스까지 제공하고 있다. 주택과 관련하여 유니버설 디자인이라는 새로운 주택건설 분야가 각광받고 있다. 유니버설 디자인이란 장애인이나 노인들과 같은 약자들을 배려한 디자인을 말한다. 노인들의 경우는 장애물이 없는 집(barrier free)이 대표적이다. 즉 문지방이나 전기코드 등 노년기에 넘어지기 쉬운 요소들을 감안하여 노인형 주택을 짓는 창조적인 아이템이다.[3]

우리나라의 경우 실버산업을 '민간이 시장경제 원리에 입각해 고령자의 복지 욕구에 부응하는 상품 및 서비스를 공급하는 산업'으로 정의하고 있다. 보건복지부의 분류에 따르면 실버산업은 실버타운 등 주거시설, 노인요양병원 등 의료·요양, 건강기기 등 용구·용품, 연금 등 보험·금융, 주간보호 등 재가복지서비스, 취미 관광 등 6가지 정보로 나뉜다.

최근 우리나라 노인인구가 급증하면서 노인들에게 판매되는 각종 의료기기와 건강보조식품이 엄청난 시장규모로 성장하였다. 그러나 아직 노인층의 경우, 판매업자들이 노인 소비자를 직접 방문 또는 전화하여

3) 장애물 없는 집의 조건은 다음과 같다. ① 문턱 제거, ② 현관, 복도, 계단, 욕실 등에 손잡이 설치, ③ 휠체어를 위한 출구 및 넓은 복도 확보, ④ 대형 손잡이나 발 높이에 맞춘 조명 설치, ⑤ 미끄러지지 않는 바닥재 시공, ⑥ 홈 엘리베이터 설치, ⑦ 외부와 연락 가능한 비상 스위치 설치 등이다. 참고로 유니버설(UNIVERSAL)은 사용하기 쉬운(Usable), 차별화가 아닌 정상화를 도모하는(Normalizing), 다양성을 포용하는(Inclusive), 다국민성을 지닌(Versatile), 가능성을 진작시키는(Enabling), 존중감을 느끼게 하는(Respectable), 활동을 지원하는(Supportive), 접근에 용이한(Accessible), 이해하기 명료한(Legible)이라는 9가지 건축원리를 포함하는 것이다. 추가 정보는 '이연숙 외(2007). 일본 주택의 유니버설 디자인 특성에 관한 연구. 「한국생태환경건축학회논문집」. Vol. 7, No. 1.'과 '이연숙(2005). 「유니버설 디자인」. 서울: 연세대학교출판부'를 보라.

● 실버산업 분류 ●

산업 분야	내 용
주거 · 시설	요양시설, 실버타운, 노인전용주택 및 아파트, 3세대 동거 주택 등
의료 · 요양	노인요양병원, 노인병센터, 노인건강진료센터, 가정간호사업 등
용구 · 용품	일상용품, 가전제품, 건강기기 등
보험 · 금융	연금, 보험, 저축, 노후 재산관리 등
재가복지서비스	주간보호, 단기보호, 인력파견 등
여가 · 정보	취미, 오락, 관광, 스포츠, 교육, 문화, 정보 등

출처 : 보건복지부

과대광고 등으로 충동구매를 유발하는 등 적극적 판매 방법에 노출되어 있어 소비자 피해가 계속되고 있는 상황이다. 그러나 피해구제 절차 및 내용증명 발송 등 피해구제에 대한 정보가 아직도 부족하여 적극적인 피해보상이 이뤄지지 못하고 있는 실정이다. 이런 피해를 막기 위해 복지관 차원에서 노인들을 대상으로 '노인 소비자 피해예방수칙 및 상담 피해구제'와 같은 교육이 실시되고 있을 정도이다.

국내에서도 1980년대 후반부터 실버산업이 본격적으로 등장하였다. 기업들이 적극개입한 고급 양로원과 실버타운들이 거액을 지급해야 함에도 불구하고 문전성시를 이루고 있다. 이 밖에도 은행, 보험회사, 투자신탁, 신용금고 등 금융기관들마다 역모기지론, 노후연금, 퇴직금 관리 등을 안락한 노후 보장을 위한 캐치프레이즈로 내세우면서 노인들의 장롱에서 잠자고 있는 돈들을 적극 공략하고 있다. 유통업체들 역시 실버 코너, 노인용품 코너를 따로 마련하거나 화장실 안전 손잡이나 밀기 쉬운 카트 등 노인들을 위한 시설들을 적극 설치하고 있다.

실버타운은 노인을 위한 새로운 주거공간으로 각광받고
있다.
출처 : http://www.wisia.com/

선진국에 비해 진화속도가 더딘 우리나라의 경우 실버산업 규모는 2006년 기준 25조 원 수준에서 2010년 37조 원 수준으로 불어날 것으로 추정되고 있다. 2004년 보건복지부 발표 실버산업 활성화 방안에 따르면 1990년 이후 55세 이상 노인가구의 소득은 매년 10%씩 늘어나고 있고, 2010년에는 국민연금 등 연금수급권자가 400만 명에 달하는 등 경제력을 갖춘 고령인구가 소비의 주체세력으로 등장할 가능성이 크다. 그만큼 노인 소비자의 층은 한층 두터워질 것이다.

노인 범죄, 그 대담함과 두려움

75세인 석 씨는 서울 가락동 한 슈퍼마켓에서 면도날 두 개와 건전지를 훔치다 경찰에 불구속 입건됐다. IMF 당시 부도를 내 생활형편이 어려운 아들에게 용돈을 탈 수 없었던 석 씨는 면도날과 건전지값은 제외하고 요구르트 값만을 계산한 뒤 가게를 빠져나오다 주인에게 붙잡혔다. 많은 수의 대형할인매장에서 생필품을 몰래 갖고 나오려던 사람들 중 60% 이상이 노인이다.[4]

4) 쿠키뉴스, 2007년 1월 27일자.

법무부에 따르면 2005년에 범죄를 저지른 61세 이상 노인이 7만 4,770명으로 전체의 3.8%를 차지한 것으로 나타났다. 이 수치는 지난 1996년 1.8%(3만 4,492명)에 비해 두 배 이상 높아진 것이다. 61세 이상의 노인범죄는 해마다 꾸준히 늘어 2002년 5만 2,527명(2.5%), 2003년 5만 9,759명(2.6%), 2004년 6만 6,943명(3.0%)을 기록했다.[5]

노인 범죄 유형도 다양해졌다. 살인 · 강도 · 방화 · 강간 등 강력범죄를 저지른 범죄자 중 61세 이상 노인 비율은 2002년 2.1%, 2003년 2.2%, 2004년 2.3%로 소폭 상승하다가 2005년에는 3.8%로 크게 높아졌다. 또 2002년에 2.5%에 불과하던 간통, 혼인빙자 간음 등 풍속 범죄자 비율도 2003년 3.4%, 2004년 3.9%, 2005년 4.7%를 기록해 가파른 상승세를 나타냈다.

노인 범죄자 비중의 변화를 보면 노인 재산 범죄자는 전체 재산 범죄에서 차지하는 비중은 1971년과 1980년에 각각 1.9%였으며, 1990년과 2000년에 각각 2.8%를 차지하였다. 노인 강력범죄

노인범죄의 증가와 그 대담성은 최근 새로운 사회 문제로 대두되고 있다.

5) 검찰청, 1971~2000년 범죄통계, 통계청, http://kosis.nso.go.kr

자의 경우 전체 강력범죄에서 차지하는 비중이 1971년에는 1.7%, 1980년에는 1.5%였으나 1980년대 이후 계속 증가하여 1988년에는 2.8%, 1995년에는 3.0%, 2000년에는 4.5%에 이르게 되었다.

노인 폭행범죄자와 노인 성범죄자의 비중을 살펴보면, 노인 폭행범죄자는 전체 폭행범죄에서 차지하는 비중이 1971년 2.1%, 1980년에 2.0%였으나 1980년대 이후 크게 늘어 1990년 3.7%, 1995년에 3.9%, 2000년에는 5.0%에 달하게 되었다. 노인 성폭행범죄자가 전체 성폭행범죄에서 차지하는 비율은 1970년에는 0.7%에 불과했으나, 1990년대 후반에 크게 늘어나 1996년에 1.8%, 2000년에 2.4%를 차지하였다.

범죄율 상승은 더불어 수감자 중 노인들의 증가로 이어진다. 전국 교도소 등에 수감된 60세 이상의 노인 수형자가 2005년 1,032명을 기록하여 처음으로 1,000명을 넘어서는 등 노인 수형자가 해마다 늘고 있다. 반면 20세 미만 수형자는 2002년 541명, 2003년 525명, 2004년 324명, 2005년 201명으로 계속 줄어들고 있다.

노인 범죄율의 증가를 성인과 청소년의 범죄율 증가와 비교해 보면, 그 증가율이 현격하게 늘어나고 있음을 알 수 있다. 우리나라 노인 범죄 중 폭력성 범죄가 빠르게 증가하고 있는데 1990년대 이후에 폭력성 범죄 중 단순 폭력범죄, 이를테면 폭행, 상해, 폭력 및 처벌에 관한 법률위반 행위 포함 등이 빠르게 증가하고 있다. 급격한 경제구조변화로 무력해진 노인들이 경제적 어려움은 물론 소외와 무기력, 역할상실감을 경험하면서 폭력적인 형태의 노인 범죄가 증가하는 것으로 여겨진다. 이유가 무엇이든 초고령 사회를 바라보면서 희망적인 메시지뿐 아니라 사회 안전에 대한 경각심을 일깨워야 할 것이다.

이렇듯 노인 범죄가 늘고 있는 것은 고령화 현상과 무관치 않다. 전국 교도소 등에 수감된 60세 이상의 노인 수형자는 2005년 1,032명을 기록, 처음으로 1,000명을 넘어서는 등 노인 수형자가 해마다 늘고 있는 상황이다. 노인 수형자가 급증함에 따라 노인 범죄자 수용시

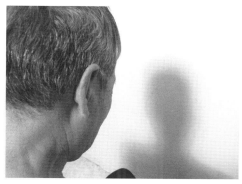

노인 5명 중 1명은 우울증이다. 노년기 우울은 자살로 이어질 가능성이 높다.

설과 교화 프로그램, 노인 수감자 인권보호가 시급한 과제가 되었다. 노인의 사고(四苦)인 빈고(貧苦), 무위고(無爲苦), 고독고(孤獨苦), 병고(病苦)는 향후 발생할 노인 범죄의 증가를 예상하게 한다. 아직 여전히 건강하고, 열정적이며, 성기능도 원활한 노인들이 가난과 고독과 병에 시달리며 겪게 되는 분노와 정신적 스트레스는 한 개인의 정서적 문제라기보다는 보다 사회적인 차원에서 병리적으로 발생할 것이며, 이러한 사회적 병리는 곧 범죄와도 무관하지 않다. 노인 조폭들의 모습이 낯설지 않을 때가 가까워지고 있다.

2. 노인 우울에서 노인 학대, 황혼이혼, 황혼자살까지

I'm Nothing! : 우울, 그 끝없는 늪

노인들에게 우울은 가장 일반적인 정신장애로 인생후기 삶의 만족도를 저하시키고 자아완성을 억제한다. 실제적으로 삶의 기대를 저하시킬 수도 있으며 상대적으로 우울증이 있는 노인들의 자살률이 높기 때문에 노인 우울증 치료는 그만큼 중요하다. 우리나라 노인 5명 중 1명은 우울

증을 겪고 있다는 보고에서 보듯 우울증은 노인에게 있어 흔한 증상이다. 노인 우울증이 노인들의 삶의 질을 저하시킴에도 불구하고 노인 본인은 물론 주변의 가족들이나 친지나 친척들조차 노인성 우울증을 대수롭지 않게 여기고 있다. 그러나 노인 우울증은 개인적, 의학적, 사회적, 경제적으로 매우 중대한 건강 문제로 노인의 우울장애는 내담자 자신에게 큰 고통을 줄 뿐 아니라 사망 가능성과 기능상실 혹은 수축을 강화시키고 가정의 파탄까지 초래할 수 있다.

늙으면 다 우울해지는가? 그렇지 않다. 우울증 자체는 노화의 과정이 아니다. 우울증은 정서장애로 다양한 요인들을 통해서 나타나는 심리적 변화 상태이다. 우울노인들에게서 발견되는 우울 증상은 다양하며 우울 양상으로 가성 치매 형태로 나타나기도 한다.

● 노년기 우울증 증상과 내용[6] ●

우울증 영역	증상과 내용
주요 영역	• 불쾌한 표정을 지으며 언짢고 못마땅해한다. • 슬픔에 잠겨 있으며 애처롭고 풀이 죽어 있다. • 금방이라도 울음이 터질 듯하며 잘 운다. • 침울해하고 슬픈 감정을 호소한다. • 친구나 이웃, 가족과의 관계에서 즐거움을 느끼지 못한다. • 타인과 어울리지 못하고 혼자 다닌다. • 방이나 자신의 공간에서 잘 나오지 않는다. • TV나 라디오를 시청하면서 하루의 대부분을 보낸다.

(계속)

6) 대한노인정신의학회편(2003). 한국형 치매평가 검사. 서울: 학지사. p. 351.

우울증 영역	증상과 내용
자살에 대한 유혹	• 죽음에 대해 자주 생각한다. • 죽은 사람(배우자나 친구, 주요 인물)에 대해 자주 언급한다. • 이렇게 사는 것보다는 죽는 것이 낫다고 자주 말한다. • 자살을 시도한다.
무가치감	• 무력감을 호소한다. • 자신이 아무런 기여를 하지 못한다고 여긴다. • 한 가지 일에 지나치게 걱정을 한다. • 만성적인 질병에 대해 더 이상은 참을 수 없다고 자주 언급한다.
삶의 의미 및 방향 상실	• 자신의 삶이 의미 없는 것이라고 말한다. • 열등감을 강하게 느끼거나 미래에 대한 지나친 걱정을 한다. • 누구도 자신을 좋아하지 않는다고 느낀다. • 살아서 무엇하나, 뭘 해야 할지 모르겠다고 말한다.
사회적 위축	• 즐기던 취미활동에 대해 흥미가 줄어든다. • 인간관계나 사람에 대해서 무관심하다. • 늘 다니던 기관이나 장소에 출입이 현저히 줄어든다. • 다른 사람들의 방문을 원하지 않는다.
신체 증상	• 피곤해하며 매사에 활력이 없다. • 늘 누워 있거나 앉아 있다. • 두통을 호소한다. • 소화불량을 호소한다. • 변비 증상을 호소한다. • 입이 마르고 시력 저하를 호소한다. • 모든 일에 의욕이 없다고 말한다.
말과 행동 증상	• 천천히 말한다. • 느리게 행동한다. • 말끝이 길어지거나 단어를 여러 번 반복한다. • 상황에 적절히 대처하지 못한다.

(계속)

우울증 영역	증상과 내용
기억	• 최근의 사건을 잘 기억하지 못한다. • 이전 발달단계에서의 중요한 일들을 기억하지 못한다. • 기억을 잘 하던 사항에 대해 갑자기 잊어버린다. • 이름이나 장소에 대한 기억력이 떨어진다.
혼돈	• 이야기 중 갑자기 주제에서 벗어난 이야기를 한다. • 이전에 자연스럽게 하던 행동에 대해 어색해 하거나 비난한다. • 일어나는 상황 파악에 어려움을 호소한다. • 다른 사람들이 자신을 싫어하거나 피한다고 느낀다.
수면	• 생활 리듬이 깨어진다. • 불면증을 호소한다. • 과수면을 호소한다.
영양	• 식욕을 상실하며 현저하게 체중이 감소된다. • 과식욕을 보이거나 이식증을 보이기도 한다.
주의집중	• 주의집중에 어려움을 호소한다. • 행동하는 모든 면을 다시 점검하는 등 자신이 실수를 할 가능성이 높다고 생각한다.
성 기능	• 성에 대한 관심이 갑자기 줄어든다. • 이전에 느끼던 성에 대한 쾌감이 현저히 줄어든다.

우울증은 일상생활이나 사회적 관계를 하는 개인의 능력 기능을 지속적으로 방해하며 우울증을 경험하는 이들 중 15% 정도는 자살한다.

우울증은 대개 남성노인보다는 여성노인에게 좀 더 많이 발견되고, 주로 신체질환이나, 자기 역할에 대한 불만족, 결혼관계 유지에 대한 불만이 영향을 많이 미친다. 그 외에도 노년기에 발생하는 신체기능 상실, 사별과 같은 부정적인 생활사건, 사회적 지지, 재정적 문제, 자아 통제감, 교육 수준 등도 우울증에 영향을 미친다.

그러면 노년기에 우울증 점검은 어떻게 하면 좋을까? 노인 우울증이 흔하다 보니 노인 우울증 척도도 있다. 다음의 표를 보고 여러분도 한번 체크해 보라.

● 노인 우울 척도(Geriatric Depression Screening Scale)[7] ●

문항	내 용	응답	
1	평소 내 생활에 기본적으로 만족한다.	예	아니요
2	활동과 흥미가 많이 줄었다.	예	아니요
3	사는 게 허전하다.	예	아니요
4	자주 따분해진다.	예	아니요
5	앞날에 대해 희망적으로 생각한다.	예	아니요
6	쓸데없는 생각들이 자꾸 떠올라 괴롭다.	예	아니요
7	몸과 마음이 가뿐하다.	예	아니요
8	나쁜 일이 일어나지 않을까 두렵다.	예	아니요
9	대체로 행복하다고 느낀다.	예	아니요
10	아무것도 할 수 없을 것처럼 무기력하게 느낀다.	예	아니요
11	안절부절못하고 초조할 때가 자주 있다.	예	아니요
12	밖에 나가기보다는 주로 집에 있으려고 한다.	예	아니요
13	앞날에 대해 걱정할 때가 많다.	예	아니요
14	기억력이 많이 약해졌다.	예	아니요
15	지금 내가 살아 있다는 것이 참 기쁘다.	예	아니요
16	기분이 처지고 울적할 때가 있다.	예	아니요
17	지금 내 처지가 참 볼품이 없다고 느낀다.	예	아니요
18	지난 일들에 대해서 걱정을 많이 한다.	예	아니요

(계속)

7) 대한노인정신의학회편(2003), p. 352.

문항	내 용	응답	
19	인생은 즐거운 것이다.	예	아니요
20	새로운 일을 시작하는 것이 어렵다.	예	아니요
21	기운이 넘치는 것 같다.	예	아니요
22	지금 내가 처한 상황이 절망스럽게 느껴진다.	예	아니요
23	다른 사람들은 나보다 잘 지내는 것 같다.	예	아니요
24	사소한 일에도 화가 날 때가 많이 있다.	예	아니요
25	울고 싶을 때가 많이 있다.	예	아니요
26	정신을 집중하기가 어렵다.	예	아니요
27	아침에 기분 좋게 일어난다.	예	아니요
28	사람들이 모이는 데에 가기가 싫다.	예	아니요
29	결정 내리기가 어렵지 않다.	예	아니요
30	예전처럼 정신이 맑다.	예	아니요

몇 개에 '예'를 표시하였는가? '예' 한 번에 1점씩 계산하여 14점에서 18점 사이는 우울 증상이 어느 정도 있는 수준이고, 19점에서 21점 사이는 중간 수준의 우울증, 22점 이상은 심한 우울증이라고 보면 좋을 것이다. 여러분은 몇 점인가?

신체적인 영역에서 만성질환 및 기능상실의 정도는 우울증의 정도와 비례한다. 또한 건강 악화는 노인들에게 새로운 우울 증상을 유발시키기 쉽다. 만성질환의 수가 많을수록, 일상생활활동능력이 저조하여 수족을 움직이기 어렵거나 타인의 도움에 의존하는 정도가 높을수록 우울 증상이 강하게 나타난다.

물론 노인에게 우울증을 유발하는 가장 중요한 단일 생활 사건은 사별이다. 우울한 노인은 최근에 배우자나 자식의 죽음을 경험한 경우가 많으며, 이러한 사별을 경험한 노인들은 우울증에 걸릴 위험도가 높다. 그러나 노인의 우울 증상은 사별 후 몇 주 동안은 매우 흔하지만 대부분 시간이 지날수록 우울 증상이 서서히 줄어들어 완전한 우울

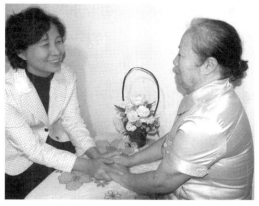

노인 우울은 질병이기 때문에 적절한 관리와 치료가 필요하다. 필요한 경우 약물치료와 상담치료를 병행할 수 있다.

장애까지 진행되는 경우는 드물다. 배우자의 존재는 우울증의 발생을 줄여주는 데 중요한 역할을 한다.

대개 노인 우울증 환자는 우울증이 발생하기 전 1년 이내에 심각한 생활사건을 많이 경험하는 것으로 나타난다. 우울증과 관련이 높은 생활사건으로는 친척이나 친구의 죽음, 가족이나 친구와의 다툼 등이 있다. 최근 들어 나타나는 노인 우울증의 주요 원인 중 하나는 경제적인 상황 악화이다. 노인들의 취약한 경제구조로 노인들이 생활고에 시달리면서 경제성 노인 우울증이 증가하고 있다.

노인 우울이 발생하는 것은 생물학적 원인도 있다. 대개 말초의 신경화학적 및 신경 내분비적 측정치와 뇌구조 및 기능 등의 측정치에서 정상 노인과 우울 증상을 보이는 노인 간에 다소의 차이를 보인다. 뇌혈관 질환(중풍) 환자의 약 24%에서 우울장애가 발생되는 것으로 보고되고 있다. 피질성 경색과 열공성 경색이 우울장애와 가장 높은 발병률을 보였다. 알츠하이머병이나 뇌혈관 증후군뿐 아니라 피킨슨병 환자들도 우울장애의 발생이 50%에 이른다.

노년기 우울증을 예방하고, 이미 발생한 우울증을 감소시키는 일상처방들이 있다. 이 처방들의 일부만 지키더라도 우울증은 현저히 줄어들 것이다.

- 오랜 기간 집에만 머물지 않도록 한다.
- 규칙적인 식사와 운동을 한다.
- 운동, 영화, 종교 생활과 같은 사회활동을 한다.
- 다른 사람과 함께 지낸다.
- 갑자기 우울 증세가 좋아질 것이라고 생각하지 않는다.
- 말없이 참지 않는다.
- 자신이 가지고 있는 부정적인 생각을 그대로 받아들이지 않는다.
- 스트레스를 줄인다.
- 잠이 오지 않는 경우 억지로 자려고 하지 말고 산책을 하거나 다른 일을 한다.
- 집안에만 있지 말고 밖으로 나와 햇볕을 많이 쬔다.
- 즐거운 생각을 한다.
- 자녀에 대한 기대감이나 실망감에 크게 흔들리지 않도록 한다.
- 취미 생활을 즐긴다.
- 잔뜩 웅크린 자세를 피하고 자세를 바로 갖는다.
- 커피와 같은 카페인이 많은 음식을 피하고 충분한 수분 섭취를 한다.

이건 산 것도 아니고 죽은 것도 아니다 : 노인 학대, 그 공포

얼마 전 '노예 할아버지'가 방송과 신문을 가득 메웠다. 이홍규 할아버지는 23세부터 73세까지, 무려 50년 동안 남의 집에서 노예 생활을 했다. 하루 16시간이 넘는 노동에 시달리며 젊은 '주인'에게 매질을 당하고 밥도 제대로 먹지 못해서 음식물 쓰레기통을 뒤지고 하수구에서 몸을 씻는, 인간 이하의 삶을 살았다.

노인 학대는 신체적 학대에서 방임에 이르기까지 폭넓다. 만성질환에 노출되는 경우 학대비율이 좀 더 높게 나타나고 있다.
출처 : http://www.j1389.or.kr/

　할아버지의 비참한 삶에 놀라기도 했지만, '주인'이라는 젊은 사람의 태도, 비참한 할아버지의 모습을 수십 년 동안 목격했음에도 원래 그 사람은 그렇게 살았다는 주위 사람들의 증언, 심지어 할아버지를 거두어 준 주인이 착한 사람이라며 두둔하는 사람들에게 대부분의 시청자들은 놀라고 다시 놀랐다. 그 후 한동안 신문 지면과 뉴스 화면마다 노인 학대에 대한 관심이 '급!' 나타났다 어느새인가 다시 사라졌다.

　노예 할아버지의 삶이 아니더라도 노인 학대는 거의 날마다 일어나고 있다. 노인인구가 늘어나고 노인부양에 대한 부담이 늘어나면서 노인 학대도 늘어나고 있다. 노인 학대의 유형도 신체적 학대, 정서적 학대, 재정적 학대, 언어적 학대, 방임, 성적 학대, 의료적 학대 등으로 다양하게 나타나고 있다. 일반적으로 여성노인이 남성노인에 비하여 학대를 더 많이 받는 것으로 나타났으며, 교육 수준이 낮은 노인, 연령이 높을수록 학대에 노출될 위험이 많은 것으로 나타났다. 이는 노인의 교육 수준이 낮고 연령이 높을수록 경제적 상황, 대처차원의 인지능력 등이 상대적으로 낮기 때문일 것이다.

결혼 상태에 따라서는 배우자 없이 성인자녀와 동거하는 노인이 학대를 받을 위험이 더 높으며, 노인의 건강이 나쁘거나, 일상생활에서 의존성이 높을수록 노인 학대의 발생가능성이 더 높아진다. 또 경제적 여유가 없는 노인일수록, 자아존중감이 낮은 노인일수록, 노인이 자녀와 동거하는 경우일수록 학대 발생률이 높게 나타난다. 가족성원들 간의 밀착 정도와 지지도가 낮을수록, 노인과 부양자가 사회적으로 고립될수록 노인 학대 발생률이 더 높아진다.

우리나라에서는 1990년대에 들어서면서 본격적으로 노인 학대에 대한 관심을 갖기 시작했다. 대개 언어적, 심리적 학대가 가장 많은 비율을 차지하고 있지만 점차 신체적 학대와 경제적 학대가 늘어가고 있는 상황이다.

한국보건사회연구원 발표에 따르면 우리나라에서 노인 학대를 경험한 노인의 비율이 1992년 8.2%로 나타났다. 65세 이상 인구가 경험한 노인 학대 유형을 보면, 정서적인 학대가 다른 학대 유형에 비해 상대적으로 높은 경험률을 보였다. 무관심하거나 냉담하게 대하는 경우, 의견을 말하면 불평하거나 화를 내는 경우, 친구나 친지의 방문을 싫어하는 경우가 가장 많은 것으로 나타났다. 그 외에도 실수를 비난하거나 자존심을 상하게 말을 하는 경우와 스스로 식사준비를 할 수 없는데 내버려 두는 경우도 잦았다.

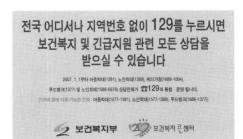

최근 1389번이었던 노인학대 상담 및 신고 전화가 129번으로 통합되었다.
출처 : 보건복지부

대개 노인 학대 가해자의

50% 이상은 아들이며 20%는 며느리, 딸이 12%, 배우자가 2%이다. 학대를 받는 부모 입장은 기가 막힐 따름이다. 흥미로운 것은 노인 학대를 신고하는 신고자의 90%가 가족이라는 점이다. 그나마 가족들이 신고를 해오는 경우는 나은 편이다. 우리나라의 노인 학대는 대부분 은폐되어 있다.

우리나라는 가족주의 의식이 강하게 작용한다. 내 자식을 보호하고, 내 가족을 보호하겠다는 의지 말이다. 그러나 가족주의가 결속의 장점을 가지는 반면, 은폐의 단점도 가지고 있다. 대부분 이런 가족주의가 팽배한 상황에서는 학대 자체가 은폐될 가능성이 높기 때문에 가해자가 학대를 하여도 사회적 비난을 받지 않을 가능성이 높아지고, 따라서 노인이 잠재적 학대 상황에 지속적으로 노출되기 쉽다.

학대가 심한 상황에서도 노인들이 자녀들을 보호하려는 경향이 강하고 노인들이 신고할 의지를 상실한 경우, 신체적, 정신적 장애로 인해 신고를 할 수 없어서 노인 학대는 드러나지 않는 경우가 많다. 그러나 자세히 살펴보면 주변 사람들이 노인 학대의 흔적을 발견하기란 어렵지 않다. 노인 학대의 표시는 신체적, 정서적, 경제적 측면이 있고 부양자와 관련된 방임과 부양자의 반응을 통해 알 수 있다.

우선 신체적 학대의 표시들로는 얼굴, 목, 가슴, 복부, 골반 부위의 부상, 칼과 같은 예리한 도구로 베이거나 찔린 상처, 타박상, 멍든 부위, 설명과 부합되지 않는 상처, 옷이나 머리카락 등 신체의 일부로 가려진 상처, 빈약한 피부위생 상태, 머리카락이 뽑힌 흔적이나 머리의 출혈 흔적, 탈수증, 영양실조, 몸무게의 감소, 화상, 행동이나 활동 수준의 변화를 들 수 있다. 두 번째로 정서적 학대의 표시들로는 무기력함, 공포감, 말하기를 꺼리거나 주저함, 은폐, 우울증, 혼돈상태, 부정, 분노, 흥분,

수동적 태도, 믿기지 않는 이야기들 등이 있다. 셋째, 경제적 학대의 표시들로는 은행계좌의 잦은 혹은 부적절한 거래상황, 노인의 서명이 아닌 혹은 노인의 서명과 유사하게 날인된 수표, 노인의 지나친 부양비, 지불되지 않은 많은 청구서, 기한이 지난 세금 통지서, 의복이 남루하고 부족한 상태, 개인소지품 분실, 부양자에 의한 고의적인 노인의 격리 등이 있다.

부양자가 노인을 학대했다는 증거들로는 노인에게서 나는 오물, 대소변 냄새, 땀띠, 이, 염증, 부적절한 옷차림, 영양실조, 탈수 상태, 의약품이나 병원치료의 소홀함, 더러워진 옷이나 이불이 있다. 대개 노인 학대를 하는 부양자들의 특징을 보면 노인에 대한 무관심이나 분노 혹은 원조를 하지 않고, 노인을 비난하며, 위협하고, 모욕을 주거나 추행하기도 한다. 알코올 중독이나 약물 중독 문제를 가지고 있거나, 사회적으로 고립되도록 노인의 활동을 제한하거나, 복지 관련 사람들에게 비협조적이거나 공격적인 태도를 취한다.

노인 학대가 일어나는 것은 가족 내의 갈등이나 사회적 가치의 변화 때문만은 아니며, 보다 다양한 원인이 복합적으로 작용한다. 우선 노인인구의 급속한 증가와 평균 수명의 연장으로 인한 고령노인의 절대적 수의 팽창을 꼽을 수 있다. 특히 초고령노인, 와상 상태(누워 있는 상태)의 노인, 치매노인 등은 신체적, 심리적, 경제적으로 의존적인 노인의 문제를 야기한다. 둘째로 현대 가족의 구조와 기능의 변화를 들 수 있다. 산업화과 진행되면서 가족분화와 핵가족화 현상이 두드러지면서 가족규모가 축소되고 출생인구의 감소 등으로 부모를 부양할 수 있는 능력에 한계를 갖게 되었다. 또한 여성의 취업과 사회활동이 증가했다. 이러한 요인들은 전통적으로 가족기반에 존재했던 가족의 연대 기능 및 결합력을 약화시켰다. 이런 가족의 구조적·기능적 변화는 노후를 자녀에게 의지하던 우리나라 노인들에게 현실적 어려움을 안겨 주었다. 셋째는 젊은 세대들의 가치관 변화와 노인부양의식의 변화이다. 현대로 접어들면서 부부 중심의 가족문화와 개인주의의 팽배로 가족 간의 일체감과 연대성이 많이 약화되었다. 이러한 가족가치에 대한 변화는 가족의 부양의식 역시 변화시켰다. 최근 학대에 관한 연구에 따르면 노인 학대는 많은 경우 가족폭력의 형태로 대두되고 있다. 넷째, 사회적 관심과 지원의 부족이다. 현재 우리나라의 노인에 대한 정책적, 제도적 지원은 늘어나는 노인인구의 수적인 면이나, 변화하고 있는 가치체계에 적절히 대처하지 못하는 실정이다. 이렇듯 사회구조 변화에 뒤떨어진 정책 및 제반 프로그램은 노인의 학대와 방임의 문제를 가중시키고 있다. 최근에야 가정폭력 방지법 및 피해자 보호법 등 가정 내 폭력문제가 사회적 문제로 인식되기 시작하였지만 노인 학대는 그 심각한 현실에 비하여 제대로 인식되지 못하는 실정이다.

우리나라에는 노인들이 학대 상황을 피해 거처할 수 있는 쉼터가 거의 없는 상황이다. 예산상의 문제도 있겠지만, 인식의 문제도 작용할 것이다. 학대받는 여성들을 위한 여성쉼터가 있는 것처럼 학대받는 노인들을 위한 보다 전문화된 상담 프로그램과 보다 구체적인 개입방안, 학대상황에서 벗어나 머물 수 있는 쉼터 마련이 시급하다.

황혼이혼

필자는 서울가정법원 상담위원이라 정해진 날짜에 협의이혼 상담을 하러 가정법원에 간다. 2005년부터 시작된 협의이혼 숙려제도로 많은 상담전문가들이 협의이혼 상담에 관여하고 있다. 최근 진지하게 살피게 되는 것 중 하나가 황혼이혼이다. 실제 상담 현장에 은발의 부부가 와서 협의이혼 상담을 받는 사례가 눈에 띄게 늘고 있다. 내 경우만 해도 10건 중 2~3건은 황혼이혼 사례이다.

황혼이혼 추이를 보면 2004년 65세 이상 인구의 이혼 발생 건수는 남편 기준 2,373건, 아내 기준 837건이었고, 1994년과 비교하여 남편 기준 이혼 건수는 3.9배, 아내 기준 이혼 건수는 5.0배 증가하였다. 가정법원이 2006년 1~7월 신청된 이혼 사건을 부부의 혼인기간에 따라 비교한 결과, 결혼 후 26년 이상 된 부부의 이혼 건수가 전체의 19%에 달해 가장 높았다.

황혼이혼의 원인으로는 고령자의 증가에 따라 자녀가 성장한 이후 이혼을 하려는 고령층이 늘어났기 때문이며, 구체적으로는 성격 차이, 약물과 알코올 중독, 경제적 원인, 배우자의 외도 등이 주를 이루고 있다.

황혼이혼은 대개 재판이혼보다는 협의이혼이 주를 이루고 있으며, 적개심과 공격적인 감정적 이혼보다는 방어적이고 이해하는 차원에서의 이혼이 많다. 그 이유는 황혼이혼의 결정이 갑작스럽기보다는 오랜 시간 지속되어 온 결혼 생활 내내 누적된 감정들의 결과인 경우가 많기 때문이다. 은퇴 이후 발생한 알코올 문제나 퇴직금을 잘못 투자하면서 급작스럽게 발생한 빈곤에 의한 경우가 상당수를 차지하고 있다. 또 남

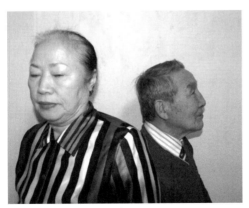

노인 이혼율은 과거에 비해 현저히 증가했으며 여성 이혼 제의율이 점차 높아지고 있다.
출처 : 통계청

성보다는 여성이 이혼을 요구하는 경우가 많다. 노년층의 증가로 향후 황혼이혼의 증가는 불가피할 전망이며 황혼이혼자들을 위한 돌봄과 적응교육이 시급한 실정이다.

황혼이혼을 피하기 위해 40세부터 최소한 다음의 사항들이 고려되어야 할 것이다.

- 은퇴 이후의 생활에 대한 계획을 세우고 준비하기
- 노년기의 재정 확보를 위한 계획적이고 안정적인 준비(적금, 연금 등)
- 부부간 대화를 늘리고 공동의 취미 찾기
- 가사 노동 및 역할의 분담
- 원만한 대인관계 형성하기

이렇듯 황혼이혼을 피하고 행복한 노년기 부부 생활을 위하여 준비한다고 할지라도 불가피한 이혼을 하게 되는 경우가 있다. 황혼이혼의 경우 자녀들이 대부분 미리 알거나 혹은 알지 못한다. 황혼이혼 이후에 자녀들이 이혼 사실을 알고 가족 간의 갈등이 일어나기도 한다. 그러나 무엇보다 노년기 이혼은 청장년기 이혼과는 달리 개인적인 측면에서 신체적, 심리적, 정신적으로 큰 타격일 수 있고, 나아가 수명을 단축시키거나 삶의 질을 크게 떨어뜨릴 수 있기 때문에 황혼이혼이 발생했을 경우의 대처법을 알아두면 이혼 이후 생활에 도움이 될 것이다.

이미 황혼이혼을 하게 된 경우 고려해야 할 최소한의 사항들은 다음과 같다.

- 의식주에 대한 분명한 계획을 수립해야 한다. 남성들의 경우 좀 더

가사노동의 어려움과 고독감에 대처할 능력을 키울 필요가 있다.

- 집안에만 머물기보다는 친구들을 만나는 등 사회활동에 참여한다.
- 자녀들과의 관계를 보다 긴밀하게 형성한다.
- 건강검진을 자주 하고 신변의 변화나 신체질환이 발생했을 경우 긴급하게 연락할 곳을 정해놓는다.

황혼자살

고령화 속도 세계 1위에 이어 최근 우리나라는 노인 자살률도 1위를 차지했다. 최근 20년간 노인 자살률이 5배나 증가했다. 고령자 가운데 10만 명당 자살로 인한 사망자가 지난 2003년 72.5명으로 2000년의 35.6명보다 2배 이상 늘었다. 1983년 14.3명에 불과했던 자살률이 특히 남자의 경우 자살인구가 113.4명으로 사상 처음 100명을 넘어 여자(46.9명)보다 2배 이상 많아졌다.

우리나라 노인 10명 중 8명이 자살을 생각해 본 적이 있다는 점은 실로 놀라운 일이다. 자살충동을 느끼는 이유는 건강 악화, 가족관계가 많았고, 매사에 우울함 등이 있었다. 노인 자살은 노인 우울증과 밀접한 관계를 가지고 있다.

그렇지만 우리 사회에서 청소년의 자살현상이나 우울증은 사회적인 관심의 대상이 되고 있으나, 노인 자살과 우울증은 그렇지 않다. 이는 청소

우리나라는 OECD 국가들 중 노인 자살률 1위를 차지하였다. 노인 복지 수준 향상과 노인에 대한 지속적인 관심과 돌봄이 노인 자살을 예방하는 데 중요한 역할을 한다.

년에 비해 노인에 대한 차별적 인식이 존재하고 노인 공경 등 전통적 사상에 반하는 노인 자살에 대한 논의를 사회적으로 은폐하려는 경향 때문에, 또 노인층의 자살률이 그리 높지 않다고 여기는 젊은 층의 인식이 크게 작용하고 있다.

이른바 '황혼자살' 이라고 불리는 노인들의 자살은 공식적인 노인 자살 통계가 한국의 사회 문화적 특성상 누락되는 비율이 적지 않을 것이라는 추론을 감안하고 또 자살의 범위를 자살 생각(suicidal thought)과 자살 시도(attempted suicide)까지 포함할 때 한국 노인 자살의 문

● 노인들의 자살 전 생각과 행동의 특징 ●

- **정서영역** : 자포자기, 분노, 몰려오는 슬픔, 죄책감, 무가치감, 외로움, 상실감, 희망 없음, 무기력함, 무의미
- **사고영역** : 이 일은 끝나지 않을 거야.
  이 상황이 지나면 모든 것이 끝이야.
  이제는 혼자야. 혼자 이 모든 것을 해내야 해.
  더는 못 참아. 이제는 참을 수가 없어.
  나만 없으면 이 문제는 다 해결돼. 내가 문제야.
- **행동영역** : 아끼던 물건들을 나누어 준다.
  알고 있는 사람들에게 전화나 편지를 보내어 평소답지 않은 정도의 고마움을 표시하거나 덕담을 전한다.
  가족, 친구 등과 일절 접촉하지 않는다.
  규칙적으로 하던 일을 중단하거나 좋아하던 일에 흥미를 잃는다.
  술이나 약물을 과용한다.
  자해행위를 한다.
- **신체영역** : 외모에 관심을 갖지 않는다.
  식욕이나 체중에 눈에 띄는 변화가 나타난다.
  거의 잠을 자지 않거나 과수면한다.
  성적 욕망이 감소하고 이성에 관심을 보이지 않는다.

제는 보다 심각한 양상을 띠게 된다.

노인들이 자살하려고 할 때에도 몇 가지 자살 양상이 나타난다.

우리나라 노인들의 자살방법을 보면 살충제에 의한 자살이 가장 많고, 목을 매거나 높은 곳에서 뛰어내리는 경우가 많다. 대개 농촌 병원에 가 보면 가끔씩 허리를 숙여 배를 잡고는 입술이 타버린 듯 검고 계속 침을 흘리고 있는 사람들을 볼 수 있다. 이들은 대개 제초제나 살충제로 자살을 시도했던 사람들이다. 노인들의 경우 재차 자살을 시도하거나 심각한 장기 손상으로 사망하는 경우가 많다.

노인 자살의 원인은 복합적이어서 그 현상을 이해하기가 쉽지 않다. 일반적으로 노인 자살과 관련된 요인으로는 퇴직(직업역할의 상실), 건강 약화, 만성질환, 신체적·정신적 장애, 사회관계 범위의 축소, 배우자의 상실, 경제적 불안정, 가족불화, 우울 증상 등을 들 수 있다. 이러한 요인들 중 오로지 하나의 요인에 의해 노인 자살이 발생하는 것이 아니라 여러 가지 요인들이 복합적으로 작용하여 발생한다. 그러나 최근에는 자살 기도의 원인 중 경제적 원인이 많아지고 있다.

노인 자살이 세계 1위를 달리고 있음에도 불구하고 우리나라에는 자살위험성이 높은 우울 증세를 보이는 노인들을 대상으로 하는 대처 프로그램이 거의 전무하다. 따라서 노인 상담을 활성화하고, 전문가를 양성하며, 노인 자살 예방 전용센터 운용, 케이트키퍼 프로그램(모니터 프로그램) 등을 적용평가해 볼 필요가 있다. 또한 지역사회 내 교육 및 훈련 프로그램을 통하여 전문가 혹은 일반시민이 자살위험이 높은 노인들, 우울 증상을 보이는 노인들을 판별할 수 있는 정보와 이들을 원조할 수 있는 지역사회 내 활용 가능한 자원에 관한 정보를 제공하여야 할 것이다. 무엇보다 우울 증상이 있는 노인들을 대상으로 충분하고 지속적인 돌봄과 상담 서비스가 제공되어야 할 것이다.

3. 보이는 먹구름과 다가올 폭풍

1952년에 제작된 〈움베르토 D〉라는 이탈리아 영화가 있다. 우리나라에는 잘 알려지지 않았지만 유럽이나 미주 쪽에서는 주목 받았던 노인영화이다. 주인공 움베르토는 쥐꼬리만 한 연금을 타며 강아지와 함께허름한 하숙집에서 살고 있다. 움베르토는 오전에는 경찰들을 피해가며 여기저기에서 모여드는 노인인권 향상을 주장하는 시위에 참여하고, 점심은 공공급식을 통해 해결한다. 그나마 강아지를 위하여 기꺼이음식을 나눈다. 더 이상 월세를 낼 수 없게 된 움베르토는 팔지 않고 남겨둔 유일한 물품, 아끼던 책을 팔게 된다. 월세를 아끼려 시립병원에입원을 하기도 하지만 그것도 일시적일 뿐이다. 마지막엔 목숨처럼 사랑하던 강아지를 더 이상 키울 수 없을 것이라는 생각에 강아지를 다른사람들에게 주려고 하지만, 결국 강아지는 주인인 움베르토를 찾아내고 그 품에 안긴다.

영화 〈움베르토 D〉에는 움베르토를 둘러싼 많은 노인들의 모습이등장한다. 그들은 한결같이 가난하고, 혼자이며, 병들고, 할 일이 없다. 비단 그들 뿐이랴? 우리나라 노인들에게도 이른바 '4고(苦)'가 있다 ― 빈고(貧苦), 고독고(孤獨苦), 병고(病苦), 무위고(無爲苦). 무일푼에 아픈 몸을 이끌고 홀로 거리를 배회하는 노인들의 모습은 흔히 볼수 있는 광경이다. 이제 노인들이 어린이보다 많아지는 초고령 사회를바라보니 보스턴 대학 경제학과 교수인 로렌스 코틀리코프(Laurence J. Kötlifkoff)가 쓴 『다가올 세대의 거대한 폭풍(The Coming Generational Storm)』의 한 구절이 생각난다. "책을 읽기 전에 편안한 의자에 앉은 다음 넥타이나 셔츠 단추를 풀고, 안정제나 항우울제를 복용하길 바란다."[8]

빈고(貧苦)

우리나라 노인들의 수입은 얼마일까? 통계청 자료에서 조사한 바로는 2004년 2인 이상 노인가구의 월평균 소득은 약 112만 원으로, 노인가구 외 소득인 287만 원의 절반에도 못미치는 38.9%에 불과했다. 그나마도 전에 벌어 놓거나 월세를 받아서 생기는 이전소득이 54.4%로 가장 높았고, 일해서 버는 근로소득이 10.2%, 사업소득이 9.2% 정도였다. 월 100만 원 정도의 수입 중 30만 원은 식료품비, 병원비로 13만 원, 공과금 11만 원, 교통·통신비로 8만 원, 부조다 뭐다 해서 나가는 돈이 30만 원 가까이 쓰는 것으로 조사됐다. 은퇴를 전후하여 소득 수준의 격차는 노인들의 생활의 질에 큰 영향을 미치고 있다.

통계청의 2006년 5월 고령층(55~79세) 조사 결과에 따르면 우리나라 사람들의 평균 근속기간은 20년 10개월(남자 23년 3개월, 여자 18년 8개월)이다. 퇴직 평균 연령은 53세(남자 55세, 여자 52세)이다. 평균 수명은 78세. 결국 20년간 일하고 퇴직 후 25년간을 소득 없이 살아야 한다는 것이다. 또한 한국보건사회연구원 조사에 따르면 65세 이상 노인의 23.8%만이 노후생활을 준비했다고 응답했다. 10명 중 8명이 아무런 대비를 하지 못한 셈이다. 65세 이상 노인의 약 55%가 수입원의 대

8) L. Kotlikoff & S. Burns(2005). *The Coming generational storm: What you need to know about America's economic future.* Cambridge: the MIT Press.

부분을 자녀에게 의존하는 등 경제적으로 어려운 생활을 유지하고 있고, 노인의 약 87%가 치매, 중풍과 같은 각종 만성질환을 앓고 있으며, 노인의 3.5%가 독립적인 일상생활이 불가능하다.

세계 경제 순위 10위인 우리나라 노인들이 그렇게 가난한가? 도대체 평생 일밖에 모르고 근면 절약하며 살았던 노인세대들이 가난한 이유는 무엇인가? 우리나라 노인들이 노년기에 경제적 상황이 악화되는 데에는 몇 가지 이유가 있다. 우선, 퇴직으로 인해 수입이 격감한다. 일정한 수입이 보장되었던 직장에서 나온다는 것은 소득을 얻을 기회가 상실되는 것을 말한다. 퇴직 이후의 생활 수준은 퇴직 이전과 차이가 나는데, 시간이 지날수록 이러한 차이는 커진다.

두 번째는 사회보장제도가 미비하고 그 수준도 낮기 때문이다. 우리나라의 공공부조와 경로연금제도 급여에는 아직도 사각지대가 많아 대상에서 제외되는 경우가 많다. 노인들을 위한 복지적 지원이 향상되고 있지만, 아직 선진국 수준에 이르기에는 턱없이 부족한 수준이며, 그것을 우리나라의 고령화 속도와 비교해 본다면 복지 수준은 상대적으로 훨씬 뒤처져 있다고 할 수 있다.

10년 전부터 본격적인 시니어 시대를 맞고 있는 유럽은 다양한 대책으로 은퇴 이후의 삶을 설계하고 있다. 핀란드는 정년 연장 정책으로 경제 회복을 이룬 성공 사

노인인구 증가와 더불어 노인 빈곤이 더욱 심각해지고 있다.
출처 : http://hr-oreum.net/article.php?id=1166

노인들 중 끼니를 거르거나 불충분한 식사로 영양상태가 고르지 못한 노인들도 많다.
출처 : http://gaabin.dothost.co.kr/tag/%EB%AA%A8%EA%B8%88

례로 꼽히고 있다. 핀란드는 1990년대 초 경기침체 기간 동안 60~64세 사이 근로자 비율은 20%에 불과했지만, 68세까지 일을 계속하는 사람들을 대상으로 하는 연금 보너스 제도를 도입함으로써 노년층의 복지향상에 더해 세수 증가까지 이루는 일석이조의 효과를 보았다. 독일이나 프랑스에서 실시되고 있는 노인들의 취업활성화 정책과 정년을 65세 이하로 정하지 못하게 한 연령차별정책을 고용정책에 적용함으로써 노인들의 고용을 확대하여 노년기 빈곤문제에 적극적으로 개입하고 있다. 은퇴자들의 천국으로 알려진 호주는 퇴직연금제로 세계의 부러움을 사고 있다. 호주는 GDP(국내총생산)의 80% 이상을 퇴직연금 자산으로 책정할 정도이다. 이런 정책 실시가 있기까지는 강제적인 퇴직연금제와 고용주들을 대상으로 한 세제 혜택과 같은 정부 차원의 지원이 있었다. 2008년 기준 호주의 경우 정규 근로자의 98%, 임시직 근로자의 72%가 퇴직 연금에 가입해 있다. 그 외에도 스위스, 영국, 일본 등 많은 노인 선진국에서 이미 상당수의 노인 빈곤 해소를 위한 정책적 방안을 그 나라의 특성에 맞게 제시하고 있다.

우리나라의 경우 통계청 자료에 의하면 2004년 말 65세 이상 인구 중 국민연금, 공무원연금, 사학연금, 군인연금 등 공적연금 수급자는 총 582명으로 65세 이상 인구의 13.9%가 공적연금을 받고 있다. 이는

2003년도 11.5%에 비하면 2.4% 높아진 것이다. 그러나 그나마도 노령연금이 89.2%로 가장 많으나 노령연금이 생활을 유지할 수 있는 수준으로까지 가기에는 아직도 갈 길이 멀다.

세 번째는 자녀에 대한 과다한 지원이다. 내리사랑이라고 하던가, 자녀가 나이를 먹어도 자녀에 대한 사랑은 여전하다. 특히 자녀에 대해 끔찍한 부모애를 가진 우리나라에서는 자녀의 성장과 성공을 위해 모든 것을 투입하기 때문에 자녀가 장성한 후에 노부모에게는 달랑 살고 있는 집 한 채가 전부인 경우가 많으며, 그나마도 유산으로 남겨줄 생각에 심각한 생활고에 시달리면서도 팔지 않고 아껴두는 경우가 많다. 이런 사회적 풍습이나 경향으로 우리 사회의 노인들이 노후를 준비하지 못하고 있는 실정이다.

네 번째는 퇴직 후 재취업이 어렵기 때문이다. 사오정(45세 정년), 오륙도(56세까지 직장에 남아 있으면 도둑)란 말이 있다. 중년들의 정년이 빨라지고 재취업도 쉽지 않다는 것은 이미 주지의 사실이 되었다. 정년퇴직의 경우는 평균 연령이 55세 정도이며 재취업이 중년기 명예퇴직에서의 예보다 훨씬 어렵다.

2004년 전국 노인생활실태 및 복지 욕구조사에서 65세 이상 인구 중 30.8%가 수입이 있는 직종에 종사하는 것으로 나타났지만, 농어업이 53.9%, 단순노무직이 27.8%로 압도적이었다. 우리나라에서는 최근 보건복지부와 노동부에서 노인재취업을 위해 노인능력은행, 노인공동작업장, 노인인재은행, 고령자취업 알선센터 등을 운영하고 있지만, 대부분의 직종은 단순노무직인 경비원, 보모, 주차관리원, 건물환경관리원, 배달원, 가스충전·주유원, 가사도우미, 노인도우미 등이다. 노인재취업 알선센터에서 일하는 어느 사회복지사가 지적하는 노인재취업의 가장 큰 장애는 구인업체에서 노인을 기피하는 현상이 크다는 것이다. 그나마도 50대 초반의 준고령자들에 대한 선호도가 높기 때문에, 60~70대의 재취업은 실로 하늘의 별따기라고 할 수 있다.

다섯 번째는 저임금과 불안정성이다. 매년 열리는 '어르신 일자리 박람회'는 60세 이상 노인 구직자들로 문전성시를 이룬다. 2006년에는 400여개 업체가 3,900명 이상을 채용하고, 대상 연령을 55세 이상에서 60세 이상으로 높여 고령노인의 일자리 확보를 시도하였다. 여기서는 병원안내 도우미, 중국어 통역가이드 등 신규 직종과 연봉 3,000만 원 이상의 일자리도 등장했다. 그러나 실제 취업으로 연결될 수 있는 직종은 제한적이었다. 연봉 3,000만 원 이상을 주는 기술감리사 직종의 경우는 전공자에 대기업 근무 경력, 영어 번역능력을 요구하는데다 연령도 62~63세로 한정돼 있었다. 중국어 가이드 모집에서도 이력서를 낸 12명 가운데 10명은 중국동포였으니, 중국어를 좀 한다고 해도 경합이 어려운 조건이었다. 결국 할 일이라곤 택배, 청소 등 단순 노무직뿐이었다. 이들 직종의 급여는 월 20~30만 원, 많아야 60만 원 선이다. 지하철 택배는 하루 3시간 근무 기준으로 월 10만 원, 하루 8시간 근무기준으로 월 20~30만 원에 불과했다.

노무직이 많다 보니 고용 자체도 불안정적이다. 언제 그만 두라고 할지 모르는 상황이니

2009년 대전에서 열린 노인 일자리 경진대회에는 약 5,000여 명의 노인들이 구직을 위해 찾았다.
출처 : http://www.kaswcs.or.kr/bbs/board.php?bo_table=06_05_news&wr_id=4&page=2

몸이 아파도 한두 주 휴직을 한다는 것은 상상할 수도 없는 일이다. 그러나 당장 만 원이 아쉬운 노인들은 중간에 그만두라 해도 좋고, 한 달에 20만 원을 받아도 좋으니 일을 하겠다는 사례가 많다.

여섯 번째는 노년기 질병이나 사고로 인해 일을 할 수 없어 노후를 준비 못하는 경우이다. 질병이나 사고, 산업재해를 당한 경우 노후준비는 먼 나라 이야기가 될 수밖에 없다.

노인들이 빈곤에서 벗어나기 위해서는 무엇이 필요한가? 우선 사회적 연대책임이라는 의식전환이 필요하다. 다시 말해 노인의 문제는 '그들'의 문제가 아니라 '우리'의 문제라는 것이다. 노인의 빈곤은 산업사회가 가지고 온 구조적인 결함에서 발생했다. 따라서 산업사회가 가한 불이익에 대한 보상차원에서 모두가 함께 노인문제를 해결해야 한다는 연대적인 책임의식을 갖는 것이 필요하다.

둘째, 노인복지를 정책적인 차원에서 접근해야 한다. 인구구조 고령화와 소득이전 보고서에 따르면 노부모에게 소득을 이전한 성인자녀가구의 비율은 2001년 50.7%, 2002년 56.1%, 2003년 58.5%, 2004년 65.5%, 2005년 62.4% 등으로 노부모 가구의 절반 이상이 성인자녀가구의 일상적인 소득이전에 의존하고 있다. 이 수준의 소득이전은 성인자녀 가구 중 부모에게 소득을 이전한 가구가 10가구 중 1~2가구에 불과한 미국의 경우보다는 그 수나 금액 면에서 적다고 할 것이다. 그러나 미국에서는 노부모가 은퇴 후에 자식으로부터 소득이전이 없어도 자산소득이나 사회보장 급여, 공적이전을 바탕으로 생계를 꾸려갈 수 있는 현실적 차이점을 반영하고 있기 때문에 우리나라 상황과는 전혀 다르다.

자식들이 열심히 부모를 봉양한다고 해도 소득이전에는 한계가 있기 마련이다. 대개 우리나라에서 자식으로부터의 사적 소득이전이 노인 가구의 소득총액에서 차지하는 비중은 60대 초반 6%에서 60대 후반 11%, 70대 초반 24%, 70대 후반 29%로 높아져 노부모의 연령이 높아질수록 함께 증가하는 것을 알 수 있다. 그러나 사적 이전소득의 액수가 가장 많다는 70대 초반의 경우에도 월평균 이전액은 15만 원 정도이기 때문에 노인들의 빈곤문제 해결에는 역부족인 셈이다.

우리나라 노인 가구 4가구 중 1가구는 '절대빈곤' 상태에 있다. 2003년 기준 60세 이상 노인 가구는 약 300만 가구로 이 중 4분의 1이 넘는 83만 4,000가구(27.9%)는 사적이전과 공공부조를 모두 합한 총가구 소득이 최저생계비에도 못미치는 절대빈곤 상태에 있다. 이들 빈곤가구로 분류된 노인 가구는 월평균 25만 원의 근로소득을 올리고 자녀들로부터의 소득이전에서 6만 4,000원, 공공부조에서 4만 5,000원을 더해 매달 평균 36만 원의 가구소득이 있는 것으로 집계됐다. 앞으로 저출산이 지속되고 고령화가 가속화될 경우 노인가구가 자녀들로부터 발생할 이전소득 비중은 점차 줄어들 것이다.

따라서 앞으로의 노인 소득 정책은 고령인구 일자리를 증가시키고 노후를 대비하여 개인의 저축을 증가하도록 유도되어야 할 것이다. 이를 위해서는 정년 연장이나 노인들을 위한 일자리를 통해 얻은 근로소득이 노인 가구의 중요한 소득원이 되도록 하며, 고령화 시대에 적합한 금융상품과 개인연금제도 등의 설립 및 재정비가 무엇보다 중요할 것이다.

즉 개인에게만 노인을 떠맡기려는 시도보다는 국가·가족·지역사회의 바람직한 책임 그리고 역할분담에 대한 방향을 설정하여 소득보장을 통한 가족의 경제적 부담을 완화시키는 동시에 비경제적 욕구의 다양화 · 분산화를 위한 전문적인 서비스가 개발되어야 할 것이다.

고독고(孤獨苦) : 나 홀로 죽음, 고독사

2005년 러시아에서 앉아 있는 미라가 발견되었다. 조사 결과 미라는 2000년에 실종되었던 68세 블라디미르 레데네프라는 노인이었다. 악취가 심하다는 아파트 관리업체의 신고를 받고 출동한 경찰이 아파트 주방 의자에 앉아 있는 미라를 발견했는데, 이때까지 아무도 아파트를 방문하지 않았다고 한다. 이렇게 혼자 맞는 죽음, 즉 나 홀로 죽음을 고독사(孤獨死)라고 한다.

고독사는 이웃 나라 이야기가 아니다. 2007년 1월 충남 천안에서 사망한 지 1년이 지난 60대 독거 노인의 사체가 발견됐다. 발견 당시 시신은 거의 백골 상태였다. 이는 우리나라 노인복지의 현장을 보여 준 충격적인 사건이었다.

일본에서는 고독사에 대한 논란이 이미 30년 전부터 시작되었다. 이후 일본에서는 고령화와 핵가족화로 인한 도시 노인들의 쓸쓸한 죽음이 자주 보도되었다. 2005년 도쿄에서만 2,714명이 고독사 한 것으로 추정된다. 주검이 발견되기까지 평균 일주일이 걸렸고, 이 중 6%는 한 달이 넘어서야 발견됐다.

일본에서는 매년 만 명 이상의 노인들이 목욕탕

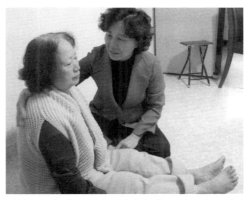

방치된 노인들은 고독사로 연결될 가능성이 크다. 주변의 돌봄과 관심과 사회적 돌봄망이 고독사를 예방하는 중요한 역할을 한다.

에서 익사한다. 이렇게 홀로 목욕을 하다가 사망한 경우 며칠 혹은 몇 달씩 누구도 모른 채 지나간다. 이런 사례가 급증하면서 일본에서는 '욕조 익사 방지 장치'들이 속속 등장했다. 물을 감지하는 센서가 달린 목걸이가 20초 이상 물에 잠겨 움직이지 않으면 경고음을 울리고 이 정보는 가족 없는 노인의 경우 동사무소나 복지센터로 비상신호를 보내도록 설계되어 있다.[9] 또한 일본 고베 시는 가스 사용량으로 독거(獨居) 노인의 안부를 챙기는 것으로 유명하다. 가스레인지 사용정보가 무선시스템을 통해 복지단체나 가족에게 전달된다. 일정기간 동안의 사용량이 '0'이면 복지단체에서 집으로 전화를 건다. 벨이 울려도 받지 않을 경우 곧바로 긴급구조대가 출동한다. 고베에는 독거노인들의 가스 사용을 24시간 점검하는 복지센터가 75곳이나 된다. 열센서를 통해 노인의 활동을 점검하는 시스템도 있다. 노인이 가장 자주 출입하는 통로 천장에 열센서를 부착하고 주기적으로 센서에 열이 감지되지 않는 경우 바로 지역 동사무소 직원이 노인가정을 방문한다. 이런 과정을 통해 쓰러진 노인들과 갑작스런 통증으로 위기에 처한 노인들이 상당한 도움을 받고 있다.

우리나라에도 고독사를 예방하기 위한 정책이 있다. 독거노인의 안전을 확인하는 방책으로 정부는 '독거노인 안전지킴이' 사업을 각 지방자치단체에 맡겨 왔다. 지방자치단체에서는 독거노인의 보살핌 인력을 확보하고자 자원봉사자와 사회복지 인력에 의존해 반찬 배달, 안부전화, 가정방문 도우미, 건강음료 배달 등과 같이 지역 자원 내 연계방식으로 노인과 접촉되는 간접적 인력을 활용해 독거노인 돌봄 기능을 구축해

9) 조선일보, 2006년 12월 27일자.

왔다. 그러나 낮에 짧은 시간 진행되는 방문 서비스만으로는 갑작스럽게 발생하는 노인의 나홀로 사망을 막는 데 역부족이었다.

이러한 점을 보완하기 위하여 2007년 정부가 노인지원책으로 새롭게 독거노인 도우미 파견사업을 내놓았다. 독거노인 도우미 파견사업은 도움이 필요한 독거노인을 대상으로 안전을 확인하고 주거상태를 점검하는 등 정서지원 및 건강 영양관리 등 생활교육을 비롯해 관련 사회서비스 연계가 이뤄지는 사업으로, 그동안 방치 상태였던 고독사를 미연에 방지하자는 취지를 가지고 있다. 시설이용을 위한 지원도 노인수발보험을 통해 확대했다.

통계청 발표에 따르면, 우리나라 고령인구가 늘어나는 속도는 총인구 증가속도보다 13배나 빠르다. 독거노인은 1998년 49만 명에서 2005년 83만 명으로 불어났다. 그러니까 노인 5명 중 1명이 홀로 살고 있는 셈이다. 대부분 빈곤층이지만 그나마 기초생활보장 혜택을 받는 경우도 4분의 1밖에 안 된다. 자식에게 짐이 될까 혼자 고단한 삶을 살다 아무도 모르게 생을 마감하기도 한다. 빠른 고령화와 낮은 사회복지체계 속에서 노인들의 방치된 죽음은 더욱 늘어날 것으로 전망된다.

병고(病苦) : 아파도 슬프지는 않게

노인들이 빠지지 않고 나오는 요구르트 광고가 있다. 불가리아 노인들은 요구르트를 먹어 장수했다고 한다. 장수를 소리 높여 외치는 광고들을 보고 있으면, 무슨 수를 써서라도 오래 살아야 할 것만 같다. 그러나 오래 사는 것이 중요한 것인지, 건강하게 사는 것이 중요한 것인지는 생각해 볼 문제이다. 물론 건강하게 오래 사는 것이 가장 중요하겠지만 말이다.

노년기 질병, 특히 만성질환은 65세가 되면서 갑자기 시작되지 않는다. 대개 건강 적신호는 중년기부터 켜진다. 그러나 우리나라 중년들은 갑작스럽게 만성질환을 맞게 되는 경우가 많다. 당뇨나 심장병뿐 아니라 40대에 중풍을 경험하거나 30대 후반에 조발성 치매를 경험하는 경우도 최근에는 흔치 않게 보게 된다. 그러다가 60세 이후에는 만성질환 유병률이 급속히 높아진다. 60세 이상 남자의 고혈압 유병률은 33.2%로 장년층 남자의 15.6%에 비해 배 이상 높았다. 여자도 16.3%에서 40.1%로 급등했다. 당뇨병은 장년층 남자 8.8%에서 노년층 15.8%, 여자 5.6%에서 16.3%로 늘어난다. 현재 적신호가 켜진 장년층 건강이 60세 이상으로 넘어가면서 더욱 악화될 수 있다는 뜻이다.

노년기 질병은 삶의 질을 떨어뜨리고 행복감을 낮춘다. 노년기는 그 어떤 시기보다 적절한 질병관리가 중요하다.
출처 : http://www.jdyh.co.kr/bbs/kboard.php?board=example&act =view&no=4

나이가 들면서 가장 심각한 것이 우울증의 심화이다. 남자의 경우 우울증 유병률은 장년층 17.8%에서 노년층 32.0%로 배 가까이 늘어난다. 여자도 24.7%에서 47.4%로 급증한다. 45~64세 남성의 경우 일하고 있지 않을 때가 일하고 있을 때에 비해 우울증이 2배 증가하는 것으로 나타났다. 그런데 노년기 만성질환은 대개 우울증과도 연결된다.

최근 한 정형외과 전문병원에서 건강한 노인 100명과 관절염 환자 282명을 비교 조사했다. 그 결과 건강한 노인은 12%가 우울증에 걸린 반면 관절염 중기의 노인은 22%, 말기는 3명 중 2명꼴인 68%가 우울증을 앓고 있었다. 뿐만 아니라 2005년 건강보험평가원 조사에 따르면 장기요양 노인환자 10명 중 3명은 우울증을 앓고 있는 것으로 나타났다. 특히 배우자가 없거나 소득이 낮아 충분한 간호를 받지 못하는 경우일수록 우울증에 더 많이 걸리는 경향을 보였다.

우리가 평균수명이 연장되고 있다면서 장수의 꿈에 부풀던 지난 30년간 우리의 평균수명은 연장되었지만 건강수명은 오히려 단축되는 추세에 있다. 가령 우리 국민의 평균수명은 지난 30년간(1970~2000) 12세 가량 연장되어 2002년 77세에 달하였으며 2010년에는 81.9세에 이를 것으로 전망되고 있다. 한편, '질병 없이 사는 기간'인 건강수명은 2002년 현재 66.0세에 머물고 있으니, 전 생애의 약 13%를 질병과 장애를 안고 살고 있는 셈이다. 1998년도에 실시된 국민건강 · 영양 조사에 의하면, 국민 중 일상 활동에 제한이 있는 비율은 5.5%로 나타났으며, 그 원인으로 질병(52.6%), 고령(17.3%), 장애(17.0%), 사고(9.6%) 순으로 꼽았다.

장수보다 삶의 질이 더 중요한 때가 왔다. 장수를 개인의 건강관리로만 돌릴 수는 없다. 사후 약방문이 되기 쉬운 정책에 변화가 필요한 시기이다. 향후 만성질환 관리 부분에서 예방중심정책이 어느 때보다 중요한 때가 되었다. 이를 해결하기 위해서는 국민건강을 저해하는 주요 만성질환과 건강 위해요소들을 파악하고 이를 기초로 향후 건강 수준 향상을 위한 목표 수립과 달성을 장기적인 안목에서 수립해야 할 것이다.

무위고(無爲苦) : 늙어도 서럽지 않게

우리나라 노인들은 얼마나 행복할까? 미래에 대한 희망이나 기대감은 얼마나 될까? 노년기의 웰빙을 생각하면 활기차고 뭔가 보람 있는 일에 열중하거나 부부가 건강한 웃음을 머금고 희망어린 눈빛으로 먼 곳을 가리키고 있는 장면이 떠오른다. 그러나 실상 대부분의 노인들은 할 일이 없고 갈 곳이 마땅치 않아 거리를 배회하기 일쑤이다. 대부분의 젊은 이들에게 탑골 공원을 떠올려 보라고 하면 대개 노인들의 플레이그라운드 사적 제354호 독립유적지로는 연상되지 않는다. 종묘는 이미 전국공인 노인 공터가 되어 버렸다.

젊은 사람들은 노인들이 하루 종일 놀고만 있으니 상팔자라고 여길지도 모른다. 하긴 노인들의 여가 시간을 보면 그 말이 맞는지도 모르겠다. 통계청에 의하면 2004년 65세 이상 인구는 수면시간이 포함된 '개인유지' 시간 11시간 16분을 제외하면, '교제 및 여가활동'에 보내는 시간이 7시간 1분으로 가장 많았다. 이 통계를 보면 노인들은 여가선용을 위해 노년기에 가장 많은 시간을 할애하는 셈이다. 그런데 노인들의 여가내용을 보면 얘기가 달라진다. 60% 이상의 노인들이 7시간이 넘는 그 시간 동안 TV를 보고 있으니 말이다.

하지만 노인들이 이렇게 많은 시간을 TV 앞에 앉게 된 데는 그만 한 이유가 있다. 1997년 말 IMF 사태를 맞은 이후 우리나라는 구조조정에 휘청거리며, 정리해고나 명예퇴직, 조기퇴직은 흔한 일이 되었다. 이때를 기점으로 많은 중장년들이 속도위반으로 노인의 길에 접어들었다. 조기퇴직이 다반사가 되면서 육이오, 오륙도, 사오정, 삼팔선, 이태백이라는 전대미문의 신조어들이 사회를 장식하며 불안감은 거의 위험수위에 이르렀다. 육이오는 62세까지 직장에 남아 있으면 오적 중의 하나,

오륙도는 56세까지 직장에서 일하면 도둑, 사오정은 45세가 정년이요, 삼팔선은 38세가 되면 선선히 일터에서 물러나야 한다는 말이고, 이태백은 20대 청년 태반이 할 일 없는 백수라는 뜻이다. 성경에 나오는 인물 중 아담은 930세까지 살

마땅히 할 일이 없어 삼삼오오 모여 화투를 치는 모습은 우리나라 경로당에서는 흔히 볼 수 있는 장면이다.
출처 : http://www.flickr.com/photos/eunduk/10243308/

았고, 노아의 할아버지 므두셀라는 969세를 살았다. 아담이나 므두셀라가 지금 살았다면 아담은 880년, 므드셀라는 900년이 넘는 세월을 실업 상태로 보내야 한다.

어찌되었건 요새 '젊은 사람들도 놀고 있는 판에' 노인들이 이력서를 들이민다는 것은 '죄'를 짓는 것 같은 일이 되어 버렸다. 아무리 경험이 많고, 숙련되었고 노련하더라도 노인들은 찬밥일 뿐이다. 수명은 훨씬 늘어났는데 직장 수명은 더욱 짧아졌다. "늙기도 서럽거늘 짐조차 지실까"라는 어느 시조의 시구처럼 노인이 일을 하는 것이 안쓰러웠던 시절은 갔다. 가파르게 상승하는 고령화 속도로 인한 경고성 메시지가 잇따르며 노인층을 '무거운 짐'으로 여기는 듯한 분위기 속에 노인들은 조용히 TV를 켜는 수밖에 없다.

그나마 다행인 것은 매해 실버취업박람회와 같은 노인 일자리 창출 프로그램들이 진행된다는 점이다. 즉 노인 일자리를 창출하고 그 인력을 확보하자는 취지 아래 일할 수 있는 노인들의 이력서를 취합하는 자리를 만들고 있다. 주유원, 화장실 청소원, 실버 대리운전, 실버시터, 행

정보조원 등 그 업종도 다양하다. 그러나 이 직종들의 공통점은 사회의 주요 일자리와는 거리가 있다는 점이다. 대부분 '플렁키 잡(flunky job)', 즉 허드렛일이다. 사회가 소외된 사람들에게 마지못해 던져주듯 만든 일자리라는 말이다. 노인의 무위고는 이런 식으로 해결될 문제가 아니다. 100세인(centenarian)이 점점 늘어날 이 사회에 노인들이 당당하게 능력을 발휘할 수 있는 자리를 마련해주는 것이 중요하다. 젊어서 번 돈을 곶감 빼먹듯 빼먹기보다는 새로운 일자리에서 삶의 즐거움을 느끼며 벌어들인 근로소득을 당당히 쓸 수 있도록 하는 구체적인 사회적 대안이 요구된다.

폭풍전야

노인대국 : 베이비붐 세대들이 몰려오고 있다

고령사회가 가까워지면서 25년 후엔 장년 2명이 노인 1명을 부양해야 하는 상황이 예상되고 있다. 노인 부양 비용 면에서도 2020년이면 지금의 두 배, 2050년이면 지금의 다섯 배 이상으로 증가할 것으로 예상되고 있다. 이런 부양비를 지원하기 위해 매달 내고 있는 국민연금 액수도 많이 늘어나게 된다. 특히 6·25 전쟁 후에 태어난 베이비붐 세대들이 2020년 무렵부터 본격적으로 대거 노인 인구로 편입되는 반면 출산율은 갈수록 떨어져 노인 부양 부담이 크게 증가될 것이다.

유엔의 「세계인구전망」에 따르면 2050년의 생산활동인구 10명당 부양 노인 수는 한국이 6.25명으로 일본의 7.24명에 이어 두 번째로 높다. 미국은 3.22명, 영국은 3.85명, 중국은 3.75명, 프랑스 4.58명으로 집계됐다. 이것은 노동인구가 줄고 부양인구만 늘 경우 연금보험 및 의료보험 재정에 심각한 위기가 온다는 것을 의미한다.

예상되는 베이비붐 세대의 퇴직을 평균 퇴직 연령에 맞추면 이르면 2010년부터 퇴직 대란이 서서히 시작된다고 할 수 있다. 늦어도 현재 50~51세(1959~1960년생)인 171만 1,000여 명이 퇴직정년을 맞는 5~6년 뒤에는 퇴직 대란이 예상되고 있다. 베이비붐 세대는 이전 세대인 '전쟁세대'보다 생활 수준도 나아졌고, 교육도 상당히 받았다. 1980년대 사회 발전의 주체가 되어 경제성장을 이끌고, 부동산, 치맛바람을 일으켰으며, 강남신드롬의 주역이 되었다. 하지만 이들은 자신들의 노후에 대한 대비는 부족하기 때문에 한꺼번에 퇴직을 하게 될 경우 개인적으로나 사회적으로 큰 반향이 우려되고 있다. 미국의 베이비붐 세대 (1946~1964년생)나 일본의 단카이(團塊) 세대(1947~1949년생)[10]는 2006년, 2007년부터 60세 정년은퇴를 시작하지만 이들은 은퇴와 더불어 공적 연금을 받는다. 하지만 우리나라의 퇴직 연령은 50대 초 · 중반 혹은 그 이전으로 10년 가까이 빠르며, 국민연금을 받을 수 있는 60세까지 5~7년을 퇴직금을 가지고 생활해야 한다. 그나마 퇴직금도 연봉제와 1997년 도입된 퇴직금 중간정산 제도에 따라 미리 받아 생활비로 써버린 경우가 많다.

일본의 단카이 세대 이야기가 나온 김에, 우리나라 베이비부머들과 한번 비교해보자. 단카이(團塊)는 '덩어리' 혹은 '무더기'란 뜻이다. 2차 세계대전 직후인 1947~1949년에 그야말로 '무더기'로 태어났기 때문에 붙여진 이름이다. 2007년 이들이 무더기로 60세 정년을 맞으면서 다시 한번 '무더기' 바람을 일으켰다. 우리나라 베이비붐 세대는 일명 '민

10) 단카이 세대에 관하여는 「일본고령자백서」(2006)를 보라.

주화 세대'이다. 이들은 6·25 전쟁 이후인 1955~1963년 사이에 태어 났다.

'민주화 세대'나 '단카이 세대' 모두 각 나라에서 학생운동의 주역으로 사회변혁을 시도하며, 산업현장에서 땀흘리며 고도성장의 원동력이 되면서 마이카 붐을 일으킨 세대들이다. 물론 좋은 평가만 받는 세대들은 부동산 과열과 교육현장에서 치맛바람을 일으켰으며, 지금은 최고위직에서 정년연장의 꿈을 꾸고 있다는 비난을 받기도 한다.

최근 일본에서는 단카이 세대의 무더기 퇴직에 대한 우려도 있지만, 퇴직하는 단카이 세대를 대상으로 한 경기가 활성화되고 있기도 하다. 여전히 인기있는 구매자 집단인 단카이 세대들의 경제적 특성과 성향을 잘 파악한 일본의 수주라고 할 것이다. 이러한 일이 가능한 것은 단카이 세대들이 퇴직 후에도 공적 연금을 받기 때문이다.

우리나라 베이비붐 세대는 단카이 세대보다 10년 이상 젊다. 그러나 활동과 현재의 위치, 무더기 퇴직을 앞두고 있다는 점에서 닮은 점이 많다. 특히 사오정(45세 정년), 오륙도라는 말처럼 퇴직 조로화(早老化)가 나타나고 있는 우리의 상황 때문에 두 집단은 더욱 비교된다.

일본과 달리 우리나라 베이비붐 세대들은 대책이 없어 보인다. 본인이 알아서 노후 대책을 해놓고 재테크에 열중하지 않은 경우라면 대부분 일만 하다가 퇴직 후에는 빈곤의 문제를 본인이 해결해 나가야 한다. 이들은 과거 전통적 노인들과는 다른 삶을 살았다. 이들이 자신의 공로를 찾겠다고 들고 일어선다면 사회는 어떻게 대처할 것인가? 평생을 바쳐 사회에 헌신하고 대한민국을 이만큼 살게 했던 이 세대, 권리를 찾아가는 세대의 기저문화를 형성한 이 세대들을 위해 사회는 어떤 답변을 줄 것인가?

연금대란

2006년 국민연금개혁에 관한 논의로 사회가 후끈 달아올랐다. 새로운 국민연금개혁, 즉 '더 내고 덜 받자'는 정책을 실시하자는 것이다. 그렇지 않아도 경기도 어려운 상황에 이러한 안이 큰 환영을 받는 것 같지는 않다. 심지어 '안티 국민연금파'도 있을 정도이다. 국민연금에 대한 불만을 토로하는 '안티 국민연금파'는 국민연금 제도를 폐지하고 개인이 자신의 노후를 책임지자는 주장을 펴고 있다. 하지만 현재 가입자만 1,700여만 명, 수급자만 110여만 명인 국민연금을 공중 분해할 경우 그 후유증은 만만치 않을 것이다.

처음으로 연금제도를 도입했던 사람은 독일의 비스마르크(Otto von Bismark)였다. 늙고 병들었을 때 연금으로 살게 하겠다는 그 정책이 (정치적 관심이 어찌 되었건) 사회주의에서는 꼭 필요하다는 것이 비스마르크의 주장이었다. 그러나 이제는 거의 대부분의 자본주의 국가들이 연금을 제도화하고 있다. 연금제도가 잘 되어 있다는 유럽연합(EU)의 경우 GDP의 1/8을 투여하고 있을 만큼 연금은 노후를 위한 범국가적 정책이 되었다. 나이 들고 직업도 없고 병들었을 때, 무료로 의료혜택을

베이비부머들이 연금을 받기 시작하는 시기에 맞게 될 연금대란에 대한 논란이 일고 있다.
출처 : 보건복지부

받으며 꼬박꼬박 나오는 연금을 받는 상상을 해 보라! 여유로운 노후에 대한 상상, 생각만 해도 열심히 일하고 싶어진다.

우리나라처럼 조금 내고 많이 받게끔 되어 있는 연금제도는 몇 년간 국민들의 가슴을 설레게 했다. 그러나 지금은 전문가가 아니더라도 우리나라 국민연금이 위태위태하다는 것을 알 수 있다. 국민연금, 군인연금, 공무원연금 할 것 없이 10~20년 후에는 적자가 예상되고 있기 때문이다. 굳이 미래를 내다보지 않더라도 실제 연금 수급률을 보면 한숨이 절로 나온다.

65세 이상 인구 중 국민연금, 공무원연금, 사학연금, 군인연금을 모두 포함한 우리나라 공적연금 수급자는 2005년에 73만 7,000명이고, 수급률은 16.8%, 전년 대비 2.9% 상승하였다. 연금 수혜 혜택을 받지 못하는 노인들 중 정부로부터 기초생활보장비를 지급받는 사람들도 2005년 수급률은 8.4%에 달하고 있다. 앞으로 이런 모든 계층의 노인들에게 연금 혜택을 충분히 제공하기 위해서는 적자폭이 커질 수밖에 없다.

그래서 최근 '더 많이 내고 적게 받는' 연금에 대한 이야기가 나오면서 논의가 분분하지만, 이것이 정치적인 타협만으로는 어려울 것이다. 경제원칙에 따른 수급불균형을 바로잡을 수 있는 대대적인 개혁이 필요하다. 연금을 더 늦게, 덜 주려는 '수' 만으로는 부족하다. 보다 적극적인 정책이 필요하다. 연금을 내는 사람을 늘릴 필요가 있다. 즉 보다 많은 사람들이 보다 오래 일할 수 있는 환경을 만들어야 할 때이다. 이런 의미에서 안정적 연금 수급을 위한 정년 연장을 논할 때가 된 것이 아닐까?

가끔 일찍 태어나길 잘했다는 생각이 드는 경우가 바로 이런 때인 것 같다. 그러나 입장을 바꾸어서 미래 세대 입장에서 보면 이건 자신들이 어찌할 수도 없게 만든 불공평한 족쇄를 차게 되는 셈이다. 그러나 이미 고령사회가 가까워지며 빨간불이 켜진 상태이다. 지금 상태로라면 앞으로 연금은 최저생계비 수준에도 못 미치는 '생활보조금' 정도로 전락할 수밖에 없을 것이다. 노인은 늘어가고 혼자 힘으로 살아가야 하는 노인들도 많아지게 되는 미래에 이들을 사회적으로 부양할 (아직까지는) 유일한 제도인 국민연금의 한계에 적절히 대처하지 않을 경우 20년 이내에 다가올 사회적 혼란은 명약관화이다.

지난 1995년 코펜하겐에서 열린 사회발전 세계정상회의(World Summit for Social Development)에서는 '모든 연령을 위한 사회(The Society For All Ages)' 라는 주제를 채택했다. 이는 노인인권 문제가 누구나 앞으로 겪게 될 문제, 모두가 당사자라는 인식을 바탕에 두고 있다. 모든 연령을 위한 사회는 그만큼 성숙한 사회라는 것을 보여 준다. 그 한가운데 노인인권 보장이 핵심적인 위치를 점하고 있다.

이제 본격적으로 노인들의 인권을 이야기할 때가 되었다. 고령이나 노화가 사회와의 분리나 격리의 이유가 될 수 없다. 노인들이 단순한 생계형 활동으로만 사회 활동을 하는 것이 아니라 보다 적극적으로 참여하여 자신의 잃어버린 목소리를 되찾을 수 있도록, 노인의 목소리가 제 소리를 낼 수 있어야 할 것이다. 이것이 당위인 것은 현재 나타나는 다양한 노인과 관련한 사회의 문제들은 지금은 낮은 파도와 같다고 할지라도 조만간 가까운 미래에 해일이 되어 돌아올 것이기 때문이다.

노인과 성(性)

2002년 영화 〈죽어도 좋아〉가 개봉되면서 우리나라는 노인의 성에 새롭게 눈뜨게 되었다. 노인들은 성적으로 무디거나 전혀 무관할 것이라는 이전의 생각을 단번에 깨뜨려 주었기 때문이었다. 이 파장은 비단 젊은 층뿐 아니라, 노인들이 평소 지닌 성개념과 성생활에도 지대한 영향을 미치게 되었다.

1. 노년기에 성(性)은 무엇인가?

우리나라 남도속요(南道俗謠)에 있는 〈정타령(情打令)〉에는 이런 대목이 있다.

> 지학(志學)의 정은 번갯불 정이요,
>
> 이립(而立)의 정은 장작불 정이며,
>
> 불혹(不惑)의 정은 화롯불 정이요,
>
> 지명(知命)의 정은 담뱃불 정이며,
>
> 이순(耳順)의 정은 잿불 정이요,
>
> 종심(從心)의 정은 반딧불 정이라

평균수명이 연장되면서 요사이는 2줄이 더 붙었다.

> 80세 정은 도깨비불의 정이요,
>
> 90세 정은 올림픽 성화의 정이라!

남도속요가 보여 주듯 고래(古來)로부터 성생활은 전 생애를 통하여 이루어졌다. 21세기 초고령 사회를 앞두고 평균수명의 연장과 의학발달 등은 인간의 수명뿐 아니라 성에 대한 관심과 성의 능력에도 영향을 미치게 되었다. 최근 늘어나는 노인에 대한 사회적 관심이 증폭되면서 노인의 성은 문제이거나 하나의 관심사가 아니라 '문화'로 정착되고 있으며 보다 바람직한 쪽으로 방향전환이 요구되고 있다.

앞의 정타령을 잘 이해하지 못하는 독자들을 위해 풀어놓은 현대판 정타령은 남성의 성적 능력을 농담 삼아 불에 비유하고 있다.

> 10대는 성냥불이요(살짝 닿아도 불이 확 붙는다)
>
> 20대는 풀무불이요(24시간 대장간 불마냥 탄다)
>
> 30대는 장작불이요(불붙는 데 시간은 좀 걸려도 여전히 화력은 좋다)
>
> 40대는 화롯불이요(불이 붙었어도 가끔씩 뒤적여 줘야 한다)
>
> 50대는 담뱃불이요(처음부터 빨아야 불이 붙고 그나마도 그냥 두면 꺼지기 일쑤다)
>
> 60대는 연탄불이요(웬만해서 불도 잘 붙지 않고 중간에 꺼지기 쉽지만 은근하다)
>
> 70대는 반딧불이요(잡으러 가면 어느새 달아나 버린다)
>
> 80대는 도깨불이요(있다고는 하나 본 사람은 없다)
>
> 90대는 올림픽 성화라(4년에 한 번 불이 붙는다)

과연 남성들의 성적 능력은 노화가 진행되면서 퇴보일로를 걷는 것일까?

오만과 편견

노인의 성은 생리적, 사회적, 문화적, 윤리적 차원에서 역동적으로 이루어지는 복합적인 개념이다. 노년기의 성은 노인의 근본적 존재 표현방식이자, 관계와 그 역동 속에서 일어나는 심리사회적 함의가 구체적으로 표현되는 장이다. 그러나 실상 노인의 성은 이러한 구체적이고 의미 있는 개념이라기보다는 일반적 편견에 더 많이 노출되고 있다. 미국 심리학자 블록(Block)은 50대 이상의 성생활에 관한 12가지의 잘못된 믿음(myth)을 다음과 같이 말하고 있다.[1]

노년기 성생활 형태는 부부의 건강상태, 정서상태 등에 따라 무척 다양하다. 영화 〈죽어도 좋아〉의 한 장면.

- 나이가 듦에 따라 성생활의 질은 남성, 여성 모두에게서 저하된다.
- 여성이 충분히 질윤활이 안 되거나 남성이 즉시 발기되지 않는다면, 흥분이 안 되는 것이다.
- 발기 문제는 불가피한 것이며 의학적 개입 없이는 치유가 불가능하다.
- 여성의 성적 욕망은 폐경 이후 극적으로 감소한다.
- 일단 남성이 아내를 진지하게 쳐다보는데도 흥분이 되지 않는다면 그 사람은 성생활에 큰 지장을 겪을 것이다.
- 남성은 10대가 최정점이다.
- 여성은 30대가 최정점이다.
- 젊은이들이 느끼는 성극치감이 더 강렬하다.
- 심근계 질병을 가진 남성과 여성은 성행위를 피해야 한다.
- 성행위는 성극치감을 느껴야 비로소 이루어지는 것이다.

1) Block, J. D.(1999). *Sex over 50*. New Jersey: Prentice Hall Press.

노년기가 되어도 성에 대한 욕구는 변함이 없다. 노년기 성은 건강하게 해소되지 않을 때 음성적인 통로를 갖게 된다. 시사기획 쌈 〈성은 늙지 않는다〉의 한 장면.

- 구강성교는 젊은 층에서 만 하는 것이다.
- 삽입성교만이 성교의 영역에 포함된다. 다른 것은 '섹스'라고 할 수 없다.

생물학적 성 능력에 있어 20대가 최고이고 그 후로는 점차 쇠퇴하기 마련이며, 남녀 모두에게 서서히 또는 급격히 신체적 변화가 오게 된다. 나이가 들수록 남성은 더 새로운 흥미와 욕구를 갖게 되지만, 발기능력과 팽창계수가 감소되며 행위시간도 단축되는 등 조루(早漏)현상도 나타나고, 여성들은 폐경과 더불어 호르몬 분비가 감소되고 생식능력이 소실되고 질(膣)의 위축(萎縮)과 같은 생식기의 변화가 초래되어 성교 시 통증을 호소하게 된다. 이러한 생물학적 변화가 노년기 성에 대한 편견을 강화하기도 한다.

그러나 '잘못된 믿음'이라는 말처럼 앞에 있는 모든 항목은 '일반적'이라는 편견에서 나온 결과들이다. 우리가 노화를 경험하더라도 얼마나 많은 개인차가 있는가? 인간에게서 이런 개인차를 제거하면 몰라도 노년기의 성적 능력은 개인마다 다르다.

노인들의 성적 활동은 젊은이들의 오만과 편견을 넘어 왕성하게 이루어지고 있다. 우리나라 65세 이상의 노인들을 대상으로 한 설문에서 조사대상자의 26.1%가 현재 성생활을 지속하고 있는 것으로 집계됐으며 성관계 횟수는 월 1회 이상이 57.7%, 주 1회 이상이 23.1%로 나타났다.

또 정신건강과 외로움, 고독을 달래기 위해 이성교제가 필요하다는 응답도 52.3%에 달했다.

성생활을 하지 못하는 경우는 고령으로 인한 노화현상, 상대가 없어서, 신체적 질병이나 스트레스 때문인 경우가 대부분이다. 즉 심각한 노화 현상이 아니라면, 성생활 상대가 존재한다면 그리고 질병이나 스트레스가 아니라면 노년기 성생활은 훨씬 자유롭고 풍요로울 것이다. 그렇다면 향후 고령사회나 초고령 사회에 보다 높은 의료서비스를 제공받고 생명연장이 더욱 분명해질 때 노년들의 성생활은 지금과 완전히 다른 양상을 띠게 될 것이다.

생명연장의 꿈이 이루어지는 와중에도 노년기 신체 변화 중 성(性)과 관련된 부분의 노화는 좀 더 분명해지는 것 같다. 잭 니콜슨이 열연한 영화 〈사랑할 때 버려야 할 아까운 것들〉에서는 노년기에 접어든 남성의 성에 대한 웃지 못할 고민들을 볼 수 있다. 젊은 애인과의 성교를 위해 비아그라를 복용했던 주인공이 갑작스럽게 맞게 된 심장마비 증상으로 병원으로 가게 되고 의사는 계단을 오를 수 있다면 다시 성교를 할 수 있을 것이라고 이야기한다. 주인공이 주인공이 드넓은 해변을 걷다가 한편에 있는 30여 개의 계단들을 물끄러미 쳐다보며 한 발을 올릴까 말까 고민하는 장면은 코믹하면서도 의미심장하다.

서양에 계단이 있다면 우리나라에는

영화 〈사랑할 때 버려야 할 아까운 것들〉에서 남성이 성생활을 위해 가져야 할 기본적 체력을 계단 오르기로 코믹하게 표현하고 있다.

숟가락이 있다. "남자들은 숟가락 들 힘만 있으면 (성교를) 할 수 있다." 라는 말이 있다. 과연 그럴까? 이 말은 사실 그렇다기보다는 남성들의 성욕은 어느 정도 건강이나 연령을 초월해 있다는 말인 듯하다. 여성들이 폐경과 함께 성적 욕구가 감소하는 것에 비해, 남성들은 나이를 넘어 할 수만 있다면 하겠다는 의지를 보인다. 다만 '할 수 없기 때문에' 하지 못하는 경우가 많다고 고백한다. 발기부전이나 배우자의 거부, 배우자의 부재 등의 이유는 노년기 남성들이 성적인 욕구를 삭여야 하는 주요한 원인이 되고 있다.

그렇다면 남성의 성적 욕구는 젊은 시절과 같은가? 아마도 성(性) 영역만큼 사람들의 편차가 큰 것이 있을까 싶을 정도로 노년기 성에 대한 태도나 성 활동 능력은 큰 차이를 보인다. 80세가 넘어서도 자녀를 생산하는 남성이 있는가 하면, 40세를 넘기기도 전에 발기부전과의 힘겨운 투쟁을 해야 하는 남성들도 있다. 건장한 청년이라도 성적 능력이 부족할 수 있고, 바싹 마른 노인이라도 풀무불 같은 정력을 가진 사람이 있다. 그만큼 사람마다의 편차는 크다고 할 것이다.

내가 성상담 관련 프로그램을 실시하고 있던 한 복지관에서 10명의 여성노인들에게 남편이 다시 불 같은 정력을 가지게 된다면 성교에 응하겠는가를 물었다. 한 명은 "그 양반이 나를 좋아한다면이야 좋지."라고, 한 명은 "하자면 하고 그러는 거지. 어쩌겠어."라고 대답했다. 나머지 8명은 "하기는 뭘 해, 하고 싶으면 딴 데 가서 해야지."라고 대답했다. 성교라면 손을 내젓는 한 노인은 "남편이랑? 그걸? 남자들은 마음대로 되나 봐!"라고 말했다.

노년기 남성노인의 성에 관한 소망이 비아그라로든 뭐로든 힘있게 성교를 즐기는 것이라면, 여성노인의 바람은 그런 소망을 가진 남성노인들이 음흉한 의도를 가지고 가까이 오지 않는 것이었다. 지금도 그 다짐이 귀에 쟁쟁하다. "저들 맘대로 되나 봐라!" 부부간 밤샘 줄다리기는 노인이 되어서도 계속된다.

박카스 아줌마가 콜라텍에도 있다 : 노인의 성과 관련한 사회 현상들

노인 영화의 기여에도 불구하고 사회적으로 받아들여지고 있는 노인에 대한 이미지는 아직도 부정적이다. 특히 노인의 성과 관련하여 나타나는 다양한 사회 현상들은 노인들의 성에 대한 사회적 인식이 필요하며, 나아가 건강한 성문화의 정착이 필요하다는 점을 보여 주고 있다. 우리나라 노인들의 성과 연결되는 사회적 현상을 살펴보면 몇 가지 양상으로 나타난다.

첫째는 노년기 이혼과 재혼의 증가이다. 통계청에 따르면 2004년 65세이상 인구의 이혼 발생 건수는 남편 기준 2,373건, 처 기준 837건이었고, 1994년과 비교하여 남편 기준 이혼 건수는 3.9배, 처 기준 이혼 건수는 5.0배 증가하였다. 또한 고령자의 재혼 건수도 계속 증가 추세를 보이고 있는데, 2004년 남편 기준 발생 건수는 1,417건, 처 기준은 338건으로 10년 전에 비해 각각 1.8배, 2.5배 증가하였다. 특히 10년 전과 비교하여 '이혼 후' 재혼이 크게 증가하였는데, 남편 기준은 3.5배, 처 기준은 5.0배 증가하였다. 이러한 증가는 노년기 성생활과 밀접한 관계를 갖고 있다. 특히 이혼 후 재혼의 증가는 이성에 대한 관심과 성활동의 중요성이 노후의 정서적 안녕감과 더불어 나타나는 중요한 양상이라 할 것이다.

둘째는 노인 성범죄의 증가이다. 평균수명이 길어지고 의학이 발전함에 따라 건강하고 노년기에도 왕성한 성활동 수행능력을 가진 노인들이 증가하고 있다. 그러나 사회적 인식·주거 형태의 특징과 같은 사회적 환경과 배우자의 이혼·사별·발기부전·배우자의 성생활 거부 등 개인적 상황에 따라 노인들이 성적인 활동을 하기 어려운 상황이 발생하게 될 경우가 생기기 쉽다. 성적인 만족을 얻고자 하는 본능적인 욕구는 변함없이 유지되지만, 이러한 욕구를 자유롭게 해소할 수 있는 조건이 제한됨에 따라 사회적으로는 노인들의 성폭력이 증가하고 있다.

노인들의 성폭행은 그 대상도 동년배 이성에서 초등학생에 이르기까지 다양하며, 점차 가해성 성폭력이 증가하고 있는 실정이다.

여고생 성폭행 사건(중앙일보, 1997. 8. 22)

가출 소녀 성폭행한 노인 5명 구속(연합뉴스 2000. 2. 15)

여대생 성폭행, 교수 사칭 70대(조선일보, 2000. 4. 7)

현지 우체국장, 할머니 성추행 혐의로 영장(연합뉴스, 2000. 12. 3)

60대 노인이 정신지체 여아 성추행(조선일보, 2001. 9. 5)

도박판에서 돈 잃자 도박 운 살리려 7세 여아를 성추행(일요시사, 2002. 4. 23)

70대 노인이 초등학생 성폭행(일간스포츠, 2003. 11. 2)

60대 노인이 초등생 2명 성폭행(김포신문, 2003. 12. 1)

60대 노인 내연녀 알몸 찍고 갈취(경인일보, 2004. 4. 20)

70대 노인이 초등생 성폭행하다가 법정구속(한겨레, 2004. 5. 12)

노인들의 성폭력은 노인들의 수적 증가, 건강 증진, 낮은 취업률 등으로 인해 점차 많아지고 있다. 노인 성폭행 중 법적 조치가 취해진 경우도 점차 늘고 있다.

성추행 노인 4,000만 원 배상판결(연합뉴스, 2001. 5. 23)

70대 노인 성폭행 혐의 구속(연합뉴스, 2001. 7. 15)

60대 노인이 70대 노인 성폭행 기도, 폭행치사혐의(한국일보, 2002. 1. 21)

발기부전으로 성폭행 미수(굿데이, 2003. 2. 4)

세 번째, 노인을 대상으로 하는 성매매의 증가이다. 노인 성매매는 최근 현저히 부각되고 있는 사회문제이며, 성매매 상대도 폭넓게 나타나고 있다.

여중생과 원조교제(동아일보, 1999. 6. 24)

손녀뻘 되는 학생들과 원조교제(매일신문, 2000. 12. 5)

여고생이 노인과 성관계를 하다가 노인이 사망하자 방치하고 달아난 사건(연합뉴스, 2003. 2. 7)

그러나 대개 노인들의 성매매는 노인들이 모여 있는 고정적인 장소에서 일어나는 경우가 많다. 이른바 박카스를 들고 다니는 박카스 아줌마, 경찰이 나타나면 어느새 사라지는 다람쥐 아줌마, 몇 명이 몰려다니며 산기슭에서 등산하는 남성노인들을 유혹하는 낙타부대 등, 노인을 대상으로 하는 성매매가 중년의 매매춘 여성에 의해 발생하고 있다.

종묘 박카스 아줌마(연합뉴스, 2001. 3. 26)

종묘 꽃뱀 아이스크림 소녀 노인들 홀려(굿데이신문, 2002. 5. 22)

영등포역 일대 노인 부르는 쪽방 윤락(중앙일보, 2003. 10. 31)

최근에는 황혼매춘이 증가하면서 생계형 매매춘을 위해 70대 여성노인까지 나서는 상황이다. 종묘 일대에만 매매춘 여성이 100~150여 명에

노인을 상대로 성매매를 하는 일명 박카스 아줌마들은 음성적 노인 성문화의 대표적인 사례로 꼽히고 있다.
출처 : http://h21.hani.co.kr/

이르는 것으로 나타나고 있다.

넷째, 노인 매매춘이 점차 심각한 수준에 이르면서 이에 따른 성과 관련된 질병(STD, Sexually Transmitted Disease) 역시 증가하고 있다. 서울시 G 보건소에 자발적으로 찾아온 65세 이상의 노인은 2002년 6,982명, 2003년 7,086명이었고, 이 중 최종 매독 양성판정을 받은 노인이 전년 대비 52.4%가 증가하였다. 이 중 여성노인이 22%였다. 에이즈 노인 환자 역시 100명(남성 92명, 여성 8명)으로 전체의 4.5%를 차지했다.[2]

최근 자료에 따르면, 전국적으로 지난 2003년 이후 2006년 상반기까지 법정전염병 3군인 '성병'으로 인해, 65세 이상 노인인구의 진료 건수가 매년 1,000여 건 이상씩 증가했다. 특히 2003년부터 2006년 6월까지 누적된 주요 질환별 진료현황은 비임균성 요도염(진료 건수 40,257건 · 총요양급여비 11억 829만 9,270원)이 다수를 차지했고, 다음으로 단순헤르페스(18,844건 · 3억 9,938만 7,130원), 매독류 4개 상병군(8,748건 · 5억 215만 4,930원), 임질(임균성 감염 2,228건 ·

2) 중앙일보, 2003년 10월 31일자.

7,015만 6,870원), 첨규콘딜롬(1,986건 · 8,935만 1,090원), 클라미디아 상병군(1,017건 · 2,581만 4,000원), 연성하감(351건 · 990만 3,450원) 등으로 나타났다. 이 중 단일 병종으로는 클라미디아 림프육아종이 1인 당 1.81의 진료 건수로 최고치를 보였고, 1인당 진료비가 가장 높은 병종 으로는 매독류(만기매독, 상세불명 매독류)였다. 실제 노인 성병 진료자 는 전체 인구의 성병 진료자에 대비해, 전체 진료 건수의 2.89%, 전체 총요양급여비용의 3.23%에 불과하나, 전체 진료자가 점차 줄고, 성매 매특별법 실시 이후 감소하는 추세에서 노인성병 진료 건수는 큰 폭으 로 증가하고 있다.[3]

다섯째, 노인 전용 콜라텍의 증가이다. 최근 노인들의 주요 놀이 문화 중에 두드러지는 것은 젊은이들의 문화에 대한 변종 형태로 나타나는 놀이공간의 증가이다. 가장 대표적인 곳이 일명 '변종 콜라텍'이다. 노인 전용 콜라텍은 서울 시내에 알려진 곳만 84곳에 이른다. 스킨십과 같은 가벼운 성적 표현에서 매춘까지 이루어지고 있는 콜라텍은 노인들의 놀이 문화 속에 성욕구가 녹아 있는 사회적

노인 성병은 그 빠른 증가세와는 달리 치료가 제대로 이루어지지 않아 최근 사회적 문제로 대두되고 있다.
출처 : 질병관리본부

3) 2006년 10월 강기정 의원(국회 보건복지위원회 열린우리당 간사)이 건강보험심사평가원 과 질병관리본부에 요구해 제출받은 자료를 분석한 결과이다.

자리가 되었다.

여섯째, 발기부전 치료제의 오남용이다. 표준 정력지수(精力指數)는 대개 20~25세를 100%로 할 때, 29~30세는 88%, 32~34세는 78.5%, 38~40세는 46.8%, 41~43세는 35.5%, 47~49세는 30.5%, 50~52세는 28.4%, 56~58세는 18.4%, 59~61세는 14.9%, 62~64세는 10%, 65세 이상은 0~7.5%이다. 중년기 이후가 되면서 현저히 증가하는 발기부전은 다양한 이유를 막론하고 노화의 과정에 속한다. 특히 노년기가 되면서 나타나는 현저한 발기부전 현상이 나타나게 되고, 남성 노인들은 복용 후 1시간 이내 발기되어 4시간 지속되는 비아그라나 복용 후 10분 이내 발기되어 36시간 지속되는 시알리스와 같은 발기부전 치료제를 그 발기 시간과 발기 정도만을 보고 불멸의 정력제로 오인하여 사용하기도 한다. 특히 유사 발기부전 치료제들이 노인들 사이에 암암리에 거래되고 검증되지 않은 약물들이 복용되고 있다. 이러한 음성적 성문화는 지금의 노인의 성이 '문제'로 남게 하며, 앞으로 다가올 초고령 사회 속에서 예상치 못할 그림자로 다가올 수 있다. 따라서 이에 대한 진지하고 시급한 대책이 요구된다.

콜라텍은 노인들이 순수한 사교춤을 나누는 현장이나 경우에 따라 성매매의 현장이 되기도 한다.
출처 : http://www.nnnews.co.kr/news/articleView.html?idxno=1833

우리 사회에서 노인들의 성과 관련한 오해와 편견들, 신체적 변화에 따른 심리적 부적응, 사회적으로 나타나는 현상들은 굴절되고 왜곡된 형태로 노인의 성 문화로 자리잡아가고 있다. 이러한 과

정은 건강한 노인 성문화 정착과 양산을 위한 연구와 지원이 필요하다는 점을 보여 준다.

황혼재혼

황혼기 이혼의 증가와 더불어 증가하고 있는 것이 황혼재혼이다. 평균 수명이 길어지고 노년기가 늘어나면서 노년기 부부생활은 중요한 화두로 자리잡고 있다. 최근 고령자의 재혼 건수는 계속 증가추세를 보이고 있는데, 이는 노년기를 보다 행복하게 보내기 위한 선택이 증가하고 있다는 것을 보여 준다. 2008년 65세 이상 인구는 재혼에 대해 30.7%가 긍정적인 태도를 나타내고 있으며, 성별로 보면 남자(36.2%)가 여자(26.9%)보다는 찬성하는 비율이 높은 것을 알 수 있다. 2006년(29.8%)에 비해 재혼에 찬성하는 비율(30.7%)도 높아졌다.

황혼재혼의 경우 외로움을 달래거나 행복한 노년을 보내기 위해 재혼

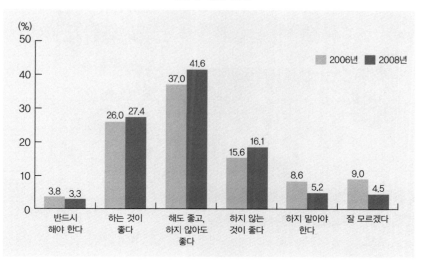

● 재혼에 대한 견해 ●

출처 : 통계청(2009). 고령자통계.

을 선택하는 경우가 많다. 그러나 사별 후 재혼이든 이혼 후 재혼이든 노년기에 재혼을 결정하는 데에는 몇 가지 어려움이 있다.

하나는 자녀들의 반대이다. 엄밀히 말해 재혼 시 가장 큰 걸림돌은 자녀들이다. 새로운 가족원에 대한 이미지, 적응과정 등에 대한 염려, '늙어서 주책'이거나, '다른 사람들도 혼자 사는데'라는 일반적인 편견들이 자녀들의 주요 부모 재혼 반대항목으로 작용한다. 이미 성인이 된 자녀들이 새로운 가족을 받아들이는 데 보다 오랜 시간이 걸린다. 두 번째는 재산분할 문제이다. 재혼가정들이 겪게 되는 갈등 중 주요한 것이 돈 문제이다. 새로운 두 사람의 만남과 결혼을 통해 재산의 분할, 분배에 변화구도가 발생한다. 특히 재결합하는 한쪽의 재산규모가 다른 한쪽보다 클 경우, 재혼하는 배우자의 연령차가 클 경우 재혼 결정을 하는 데 있어 가족 간의 갈등이 크게 나타난다. 또 다른 걸림돌이 있다면, 재혼에 대한 노인 당사자의 인식이다. 중년기 재혼과는 달리 노년기 재혼에 대하여는 노인 스스로가 부담을 가질 수 있다. 여성들은 재혼했다가 혹시 남은 인생을 더 힘들게 살게 될지도 모른다는 불안감, 성생활에 대한 부담감 등이 작용할 수 있으며, 남성들의 경우 성생활에 대한 부담, 재혼 후 적응에 대한 불안감을 마음에 두기 쉽다.

황혼기 재혼은 노년기에 제2의 삶을 주고 있다. 드라마 〈엄마가 뿔났다〉의 한 장면으로 노인 커플이 단란한 한때를 보내고 있다.

노년기 재혼은 반드시 성적인 욕구 해소와 관련된 것이기보다는 오히려 동반자 관계 또는 신뢰할 만하고 지속적인 인간관계를 유지하기 위한 의미가 크므로 노년기 삶의 질에서 매우 중요하다. 그렇다면 어떻게 이러한 난제들을 극복할 수 있을 것인가? 우선, 자녀들의 편견과 반대에 대하여 충분한 대화를 통해 부모들의 욕구와 삶의 의미를 알리고, 자녀들의 안일한 사고가 결코 자신들과 무관하지 않은, 곧 맞아야 할 문제임을 분명히 할 필요가 있다. 두 번째 난제에 대하여 재혼전문가들은 재혼 부부들의 돈 문제는 결혼 전 당사자 간에 명확히 선을 긋고 시작해야 이로 인한 갈등을 예방할 수 있다고 조언하고 있다. 조금 더 적극적으로 제시하는 것은 상대방의 재산에 관해 공개하되 관여는 하지 말라는 것이다. 세 번째, 노인 스스로 갖는 재혼에 대한 부담과 불안감에 대하여는 새로운 파트너와의 충분한 교제와 솔직한 대화를 통해 서로의 기대범위를 확인하는 과정이 필요할 것이다. 그 내용으로는 경제(재산 정도, 생활비, 여유자금, 경제활동 여부 등), 성(성활동 여부와 정상 성범위 정도, 기구 사용시 동의 여부 등), 가사분담, 취미, 건강 정도, 질병 발생 시, 사망 시, 자녀들과의 관계 정도 파악과 재혼에 대한 분명한 의사 등을 침착하고 솔직하게 주고받는 과정이 필요하다.

새로운 출발을 하는 부부들에게 있어 자녀, 친척, 사돈, 친구 등 주위의 눈치를 보면서 어렵게 찾은 행복을 놓치기에는 노년기가 너무 길어졌다. 되찾는 행복을 위하여 자녀들을 충분히 이해시키고, 재산상의 선을 분명히 하며, 새로이 발생한 가족들에 대한 이해를 갖고, 부부간의 차이점을 지혜롭게 극복해 나간다면 노년기 재혼부부는 신혼의 기쁨과 새로운 삶의 동반자에 대한 사랑으로 가득할 것이다. 특히 노년기 재혼은 남은 삶에 대한 희망과 가치를 부여한다는 점에서 중요한 인생 도약이 될 것이다.

정년이 없는 성 : 이제 주책에서 상책으로

올바른 노인 성문화 정착을 위하여 무엇이 필요한가? 바야흐로 노인의 성(性)은 주책(主着)에서 상책(上策)이 되어야 할 때이다. 이를 위한 몇 가지 제언은 다음과 같다.

첫째, 노인 성(性)의 주체는 노인이다. 노인들 스스로가 자신들의 성 활동에 대해서 적극적이고 개방적인 자세를 취할 필요가 있다. '자각 노인 개념' 이라는 말이 있다. 이는 노인들이 스스로를 누구라고 생각하는가 혹은 몇 살이라고 생각하는가라고 느끼는 개념이다. 성 측면에서도 자신이 가지고 있는 성에 대한 인식이 중요하다. 자신이 가지고 있는 욕구를 회피하거나 무조건적으로 억누르는 방법을 사용하기보다는 성욕구를 해소할 수 있는 적절한 통로를 찾는 것이 중요하다.

노인들의 신체적인 건강과 더불어 육체적인 건강을 위한 사회적 참여가 필요하다. 개인적인 차원에서 성적 욕구를 해소하기란 쉽지 않을 뿐더러 경우에 따라서는 위험할 수도 있다. 노인대학이나 각종 노인교실 등에 참여하여 노년기 건강교육과 성적 욕구를 해소하거나 승화할 수 있는 프로그램에 참여하는 것도 좋을 것이다. 노화에 대해 알고, 자신의 성적 욕구를 건강하게 해소할 수 있는 방안을 얻으며, 필요에 따라서는 상담 서비스를 받을 수도 있을 것이다. 문제의 방향보다는 해결의 방향으로 가기 위한 첫 걸음은 개인의 적극적인

대전 서구노인종합복지관에서 개최되었던 '어르신 미팅–두 번째 사랑'
출처 : http://www.joongdoilbo.co.kr/jsp/article/article_view.jsp?pq=200809250190

참여와 활동이다.

또한 개인적 참여와 더불어 실제적인 노인들의 인식전환이 필요하다. 무의식적으로 우리는 이성과의 관계에서 실제 성교합을 대치할 만한 느낌들을 발견하는 경우가 있다. 실제 노년기 이성과의 사귐은 실제적인 성적 교합에 이르지 않더라도 몇 가지 차원에서 심리적 만족감을 경험하게 된다.

- 신체(손, 어깨, 팔짱) 접촉을 통해 느끼는 촉감의 교환
- 대화를 통해 느껴지는 인간애와 정서적 교감
- 동년의식 안에서 나누는 진솔한 대화
- 이성과 같은 공간 안에 있다는 편안함과 위로감

이러한 심리는 곧 이성을 만날 것이라는 희망적인 기대와 이어지면서 자신에 대한 관심을 증가시키고, 보다 건강한 자기를 가꾸어 나가려는 의지와 연결된다.

- 약속 날짜와 시간을 손꼽아 기다리는 희망적인 흥분감
- 어떤 이야기를 나누게 될까 하는 기대감
- 손을 잡거나 팔짱을 낀다면 어떨까 하는 상상에서 오는 짜릿한 기쁨
- '어떤 옷을 입을까, 머리 모양은 어떻게 할까, 향수는 뿌릴까? 염색을 할까?'처럼 평소보다 더 자신을 가꾸고 아끼는 생활 경험
- 만남에 대한 기대에서 오는 활력을 통해 다른 생활과 관계가 긍정적으로 변화

노인의 성적인 욕구 해소가 되기 위해서는 우선 에너지의 방출에 대한 대안이 요구된다. 실제적인 성접촉(intercourse)만이 성욕구를 해

소한다는 생각에서 벗어날 필요가 있다. 내가 노인들을 대상으로 성욕구 해소를 위한 방안을 조사한 바에 의하면 이성과의 만남 38.5%, 취미 활동 25%, 시간이 지나면 된다 14.8%, 성관계 9.3%, 운동 5%, 기타 7.4%로 나타났다. 이 결과는 노인들의 성적 욕구 해소를 위하여 건강한 만남의 장을 확보하고 적절한 취미 활동을 하도록 도와야 함을 반증한다.

둘째, 덮어두기보다는 드러내야 한다는 점이다. 성(性), 특히 노인의 성(性)은 대개 개인적인 차원의 문제였고, 표면에 나타나지 않았던 내용이었다. 누구도 노인의 성을 운운하지 않았고, 당사자인 노인들조차 성(性)에 대해서는 침묵하거나 이야기하기를 꺼려 왔다. 그러나 이미 노인의 성(性)은 시대의 화두가 되었다. 화두가 된 성(性)이 '문제'가 된 이유 중 하나는 묻어 두려고만 했기 때문이다. '문제'는 마치 질병과 같아서 드러내지 않는다면 심각한 상태에 이르러 더 이상 손을 쓸 수 없는 상황까지 도달할 수도 있다. 성(性)을 드러내는 것은 보다 건강한 삶을 위한 것이다. 개인의 차원에 머물러 있었던 노인의 성(性)은 보다 사회적인 차원으로, 보다 치료적인 차원으로 가야 할 것이다. 이를 위하여 노인 개인의 적극적인 사고와 그리고 '문제'를 드러낼 수 있는 '안아주는' 사회적 체제가 필요할 것이다. 이러한 분위기 속에서 노인의 성은 보다 건강한 가치가 되어 사회와 개인에게 돌아올 것이다.

셋째, 노인들을 위한 건전한 성 문화 정착을 위해 노인의 성에 대한 사회적 이해가 선행되어야 할 것이다. 노인의 성은 본능적이며 그만큼 에너지를 가지고 있다. 이러한 에너지가 건강한 방향으로 발현되지 못한다면 이 사회는 정상적이기 어렵다. 따라서 건전한 성을 위해 노인들의 성에 대한 탁상공론적인 대안은 별 도움이 되지 않는다.

넷째, 노인의 성공적인 성생활(successful sexual life)을 위한 관심 역시 필요하다. 성공적인 성생활은 노인들의 생활의 질을 향상시키는 데도 기여한다. 이를 위하여는 노인을 대상으로 하는 성공적인 성생활 교육이 필요하다. 노년기의 신체적 변화와 성기능 변화, 성활동에 대한 올바른 인식 확대를 위한 교육은 노인들의 성에 대한 지식을 제공한다. 또한 노인이 성에 대한 관심과 개인적 문제를 해결하기 위한 노인전용 상담 창구를 마련하는 것과 같은 대안적 프로그램을 개발하는 것도 중요하다.

다섯째, 젊은 층을 위한 노인 성교육이다. 젊은 층은 노인들에게 실제적인 서비스를 제공하는 세대이다. 정보를 제공하며, 프로그램을 만들고 실시하며, 정책을 만들어 실천한다. 사회적 서비스를 제공하는 젊은 세대들에게 노인의 성에 대한 이해가 필요하다. 이들이 건강하고 구체적인 노인의 성에 대한 이해가 제공된다면, 노인에게 현실적으로 필요하고 적절한 서비스를 제공할 수 있을 뿐 아니라, 향후 노인들의 성에 대해 보다 향상된 서비스 제공을 위한 프로그램과 정책을 만들어 갈 것이다. 젊은 층을 대상으로 하는 노인 성교육은 프로그램과 정책에 반영되어 왜곡된 성문화를 바로잡고, 노인의 성적 욕구와 발달에 적합한 서비스를 창출하며, 건전한 노인 성문화 양산을 위한 거푸집을 만드는 역할을 하게 될 것이다.

여섯 번째는 매체의 활용이다. 최근 TV를 통하여 청소년 성에 대한 교육이 전국적인 관심을 부각시켰다. 이러한 관심은 동시에 치료적인 방향으로 청소년의 성에 대한 정책에 반영되고 있다. 이처럼 개인적 참여와 사회 프로그램의 제공과 더불어 영향력 있는 TV와 인터넷, 라디오 등 매스컴에서 노인들의 성에 대한 올바른 지식과 정보를 제공과 바람직한 성문화를 확립하기 위한 홍보와 협력은 조금씩 사회에 모습을 드러내기 시작했다. 이미 노인의 성은 하나의 문화 화두가 되었기 때문이다.

최근 노인을 주인공으로 삼거나 노인들의 삶과 생활을 주제로 삼는 영화, 이른바 '노인 영화'들이 속속 제작되고 있다. 2002년 상영되었던 〈죽어도 좋아〉를 시작으로 〈집으로〉(2002), 〈마파도〉(2004), 〈엄마〉(2004), 〈고독이 몸부림 칠 때〉(2005), 〈올드미스 다이어리〉(2005), 〈까불지 마〉(2006), 〈무도리〉(2006) 그리고 〈독거노인의 하루〉(2005), 〈동행〉(2005) 등과 같은 독립영화나 단편영화 등 많은 노인 영화들이 있었다. 대개 노인 영화는 노인을 진지하게 다루거나 코믹하게 연출하고 있다.

흥미로운 것은 노인 영화 중 성을 주제로 다루고 있는 영화가 눈에 띈다는 점이다. 본격적으로 노인의 성을 주제로 다룬 〈죽어도 좋아〉는 실제 노인들이 주인공을 맡아 열연하면서 노인들에게나 젊은 층에게나 노인의 성(性)이 실존이라는 점을 알리면서 사회적 관심을 불러일으켰다.

〈죽어도 좋아〉는 실화를 바탕으로 극화한 것이다. 70세를 넘긴 무기력한 남성노인과 표정 없어 보이는 여성노인이 각자의 배우자와 사별을 한 후 외롭게 고독과 친구하며 하루 하루를 연명하던 중 운명적인 만남을 갖고 함께 살기로 한다. 거의 하루도 빠짐없이 마음이 가는 대로 몸이 가는 대로 사랑을 나눈다. 사랑과 섹스 속에 생의 활력과 기쁨을 되찾고 노년기 새로운 삶을 만들어 가게 된다.

〈죽어도 좋아〉에 대한 평이 어찌 되었건 이 영화는 실제 노인들의 성교 장면을 보여 주면서 다양한 사랑표현, 노년기 성생활이 주는 행복감과 삶의 의미를 잘 담아내고 있다. 내가 인터뷰를 했던 한 20대 대학생은 "할아버지의 정력에 감동했다. 노인이 되어도 저렇게 열심히 잘 할 수 있구나 하는 생각이 들었다."라며 노인의 성교 장면이 다소 부담스럽

기도 했지만 새로운 인식을 갖
게 되었다고 말하였다. 관람을
했던 70대 노인은 "아주 좋았
다. 저렇게 노인들이 자연스럽
게 성을 드러내는 것이 좋았고,
나도 용기를 갖게 되었다. 할머
니를 찾으러 가야겠다."라며 손
을 흔들면서 자리를 떴다.

〈죽어도 좋아〉는 노인 성에 대
한 관심에 불을 붙였고 다양한
노인 성 연구에 교두보 역할을
해 주었다. 이후 〈마파도〉, 〈고

영화 〈마파도〉는 노년기 여성들의 삶과 욕망을 코
믹하게 담아내었다.

독이 몸부림 칠 때〉, 〈올드미스 다이어리〉, 〈무도리〉 등은 노인들의 성
심리를 코믹하면서도 실질적인 것으로 표현하고 있다. 노인 영화는 사
회적인 관심사로 노인을 전면에 내어놓도록 하였으며, 그중에서도 성
(性)을 노인의 삶으로 받아들이게 하는 중요한 기여를 하였다.

잭 니콜슨이 열연한 〈사랑할 때 버려야 할 아까운 것들〉은 자신이 나
이가 들었음에도 불구하고 나이 든 여성을 경멸하던 주인공이 젊은 여
자친구의 집에 놀러갔다가 희곡작가인 여자 친구의 엄마를 만나 진정한
사랑과 섹스의 기쁨을 얻게 된다는 이야기이다. 젊은 여인에 대한 선호
나 비아그라 복용, 복상사의 위기, 젊은 남성과의 로맨스, 노년에 만나
는 사랑 등 노년기 성과 관련한 소재들을 코믹하고 진솔하게 표현한 작
품이다.

이 영화를 보면 사랑은 나이를 해도 가능한 것, 즉 젊은 여성과 남성노

인, 젊은 남성과 여성노인의 관계로 형성될 수 있으며, 노년기에 발견한 진정한 사랑이 생의 어느 단계에서의 감동보다 크고 솔직하며, 그 관계를 통해 성숙과 통합을 이루어간다는 것을 발견하게 된다.

2. 노년기 부부 성 갈등 유형

내가 알고 있는 나이가 지긋한 여교수가 이런 이야기를 해 주었다. "육복이 뭔 줄 알아요? 육십 환갑에 남편이 죽는 게 육복이래!" 큰 소리로 웃으며 농담을 건네는 그 여교수는 대학에서 20여 년간 강단에 섰다가 최근 은퇴한 남편과 함께 산다. 거의 20년을 서울과 지방에서 서로 떨어져 있다가, 이제 매일을 보낸다는 것이 어색하기도 하고, 새삼 기대되기도 한다는 여교수의 최근 근황을 들어보니, "물 떠 와라.", "나물이 좋으니 나물을 볶아라." 하는 통에 새롭게 '남편살이'를 시작했다고 했다. 여교수가 말하는 '육복'은 어떤 의미일까? 정말 여성들은 남편이 죽기를 학수고대하고 있는 것일까?

항간에 떠돌던 '얄미운 년' 시리즈가 있다.

> 10대 얄미운 년 : 얼굴 예쁘고 잘 노는데 공부까지 잘하는 년
>
> 20대 얄미운 년 : 고칠 것 다 고치고(성형) 티 안 나는 년
>
> 30대 얄미운 년 : 놀 것 다 놀고 시집 잘 간 년
>
> 40대 얄미운 년 : 골프 칠 것 다 치고 애들 서울대 간 년
>
> 50대 얄미운 년 : 동산, 부동산 모두 아내 이름으로 해 주고 남편이 일찍 죽은 년!

그 외에도 90대까지 있지만, 이 우스갯소리가 전달하려는 의미의 최

정점은 50대 얄미운 년에 있다. "여자들한테는 남편 은퇴가 무덤"이라는 말이 있다. 남성들의 은퇴와 더불어 노년기 부부의 질적인 특성은 대개 새로운 국면에 접어든다. 장수(長壽)의 제1 조건이 '과부'라니 할 말 다한 셈이다. 노년기 부부의 스트레스 정도를 살펴보면, 남성보다 여성의 스트레스 정도가 훨씬 높은 것은 흥미로운 점이다.

노년기 부부 관계를 잘 보여 주는 유머가 하나 있다.

> 날마다 부부싸움을 하는 노부부가 있었다. 노부부의 싸움은 정도가 심하여 소리를 지르고 동네를 술래잡기하듯 쫓아다닐 정도였다. 매번 싸울 때마다 할아버지는 "이 여편네, 내가 죽으면 관 뚜껑을 뚫고 나와 못살게 굴겠다!"라고 이야기를 했다. 몇 년 후, 할아버지가 돌아가셨다. 장례식에서 동네주민들은 걱정스런 눈빛으로 "할머니, 생전에 할아버지께서 돌아가시면 관 뚜껑을 뚫고 나와 못살게 굴겠다고 말씀하셨는데, 괜찮으세요?"라고 물었다. 그러자 할머니는 빙그레 웃으며, "걱정 말어, 내가 그럴 줄 알고 관을 뒤집어서 묻었어!"라고 대답했다.

이 유머는 노년기 부부관계가 젊은 사람들이 생각하는 것처럼, 은발의 노부부가 두 손을 꼬옥 잡고 노을을 바라보는 그런 것만은 아니라는 점을 잘 보여 주고 있다. 노년기 부부 관계는 어떤 점에서 어려운가? 성격차이가 가장 큰 문제가 된다. 황혼이혼을 통해서 보았듯 노년기 부부의 성격 차이는 제1의 이혼 사유였다. 그 외에도 경제적 문제, 자녀 문제 등이 있지만, 여기에서 빠질 수 없는 것이 성(性) 문제이다. 여성 노인들이 한결같이 입을 모아 하는 말이 있다. "그거(sex)만 안 하면 살겠구만!"

노년기 데이트는 행복감을 높이고 삶을 신나게 한다.
출처 : http://ask.nate.com/knote/view.html?num=1233826

노년기 성 갈등은 어떻게 시작되어 어떤 유형을 가질까? 대개 노년기 성 갈등은 정서적인 대립에서 시작되는 경우가 가장 흔하다. 여성들의 경우는 나이가 들어도 "마음이 열려야 아래가 열린다!"인 반면, 남성은 "계단 올라갈 힘, 숟가락 들 힘만 있어도 하려고 한다!" 이러한 성에 대한 입장 차이에 갈등을 일으키는 생활 사건들이 함께 나타나면서 정서적인 차원의 대화는 이미 '왕년'에 끝난 경우가 많다.

부부간 대화 정도와 폭력성 정도에 따라 노년기 부부 성 갈등은 크게 네 가지로 나뉜다.[4]

첫째, 대화형 성 갈등이다. 대화형은 대개 젊은 시절부터 부부간 대화가 건강하게 이루어진 부부들에게서 흔히 발견된다. 남성은 성관계를 요구하나 여성이 이를 거절하게 될 경우 대화형은 대화와 설득을 통하여 원만히 성관계에 이른다. 갈등이 가장 적은 형태이다.

둘째, 포기형 성 갈등이다. 이 유형은 성관계를 거부하는 여성의 반응에 남성이 성교하기를 포기하는 형태이다. 그러나 이 유형은 남성노인

4) 이호선(2005). 노인상담. 서울: 학지사.

에게 잠재된 스트레스가 다른 방식으로 분출되면서 생활 갈등이 빚어지기 쉽다. 일정 기간이 지나야 성관계가 성립된다.

셋째, 대립형 성 갈등이다. 대립형은 성교를 중심으로 노부부가 서로 강력히 대립하며 말싸움과 과격한 손짓이 오가거나 몸동작이 있는 경우이다. 갈등의 수위가 다소 높고 성교에 성공하기까지 시간이 많이 걸린다.

넷째, 폭력형 성 갈등이다. 폭력형은 대개 남성노인이 성교를 거부하는 여성노인에게 폭력적으로 대응하는 갈등 양상을 보인다. 성교를 거부하는 경우뿐 아니라 심한 경우 성교에 응함에도 불구하고 폭력을 사용하기도 하며, 성교에 성공하기까지의 시간이 가장 짧다. 대개 폭력형은 젊은 시절부터 부부간 폭력이 발생했던 경우가 많으며 여성의 스트레스 정도가 심하다.

왜 우리나라 여성노인들은 많은 경우 성교를 거부할까? 여성들이 성교를 피하는 원인은 대개 여성들이 가지는 남편과의 정서적 교류 수준과 폐경 후 겪게 되는 성교통증 때문인 경우가 많다. 우리나라 여성들의 억누르는 정서적 특징이 아이들을 모두 출가시킨 노년기에는 좀 더 다른 양상으로 나타난다. 아이들을 양육하는 기간 동안 참고 견딘 것으로 충분하며 더 이상은 참을 수 없다는 여성들

건강하고 친밀감이 강한 노부부들은 노년기를 성을 위한 새로운 신혼으로 만들 수 있다.
출처 : http://www.ohmynews.com/

의 사보타주! 많은 여성들의 고백이자 선언은 이렇다. "이제 좀 쉴 만하니까 남편이 오잖아, 그럼 참아요? 나도 사람인데 좀 쉬어야지. 나도 이제 좀 자유롭게 살아야지. 난 이제 더 이상 안 해." 성교통증 역시 폐경 후 성교에 영향을 미친다. 폐경과 더불어 여성 호르몬의 현저한 감소가 일어난다. 성교통증이란 이성욕을 가지고 있으나 성교 시에 불쾌하거나 통증을 느끼는 것이며, 이것은 성교를 하지 않으려는 태도 때문에 불감증과 많이 혼동되어 있다.

성교통증은 실상 1/3 정도의 여성이 경험하는 것으로 알려진 가장 흔한 성기능 장애로, 성교할 때 또는 음경의 마찰감, 불편함, 통증 그리고 그러한 감각에 따른 성감의 감퇴나 상실을 경험하면서 통증을 동반한다. 질이 너무 건조해서 삽입이 어려운 경우, 질의 아래쪽 1/3 정도의 근육이 경련을 일으켜 삽입이 불가능할 정도로 좁혀지는 경우도 있으며 흔히 불감증에 동반하여 생기는 경우가 많다. 통증과 함께 출혈이 있다면 반드시 전문의의 진찰이 필요한 병이다. 성기 삽입 때 나타나는 질경악증도 폐경기 이후 여성에게 흔히 발견된다. 질경악증은 말 그대로 질이 '경악'을 할 정도로 극심한 통증을 동반하는 성장애이다.[5]

여성노인들이 원활한 성교를 위해 젤을 바른다 해도 정작 중요한 것은 정서적 교감인 것 같다. 폐경이 된 여성이라도 일부 여성들은 성교 시 윤활액이 분비가 잘 되는 경우가 있다. 대개 윤활액이 호르몬의 영향을 받는 것은 분명하지만 심리적 상태에 따라 상황이 달라질 수도 있다는 것이 일반적인 의견이다.

5) 여성 성기능 장애에 관하여는 '정신장애진단 및 통계편람 제4판(DSM-4), 서울: 하나의학사' 참고.

그럼에도 불구하고 "그러거나 말거나"는 대부분의 여성노인들의 입장이다. 앞서 말한 '얄미운 년' 시리즈에서 보듯 노년기 남편과의 관계는 여성노인들의 삶의 질에 상당한 영향을 미친다. 아내가 죽으면 남편이 화장실에 가서 몰래 웃는다는 것은 옛말이 되었다. 요새는 남편이 죽으면 아내가 동네 잔치를 벌인다고 한다. 세상이 변한 만큼 여성들의 인식도 많이 달라졌다. 수동적이고 무조건적 순종이 미덕인 시대는 더 이상 아닌 것이 분명하다. 남성 어르신들은 바짝 긴장해야 할 것 같다.

그렇다고 모든 노년 부부가 성전쟁(性戰)을 치르는 것은 아니다. 건강하고 신나는 노년의 성을 즐기는 부부도 많다. 이 부부들에게는 노년기 건강한 성생활을 위한 몇 가지 노하우가 있었다. 첫째, 부부간의 충분한 대화이다. 대화가 없는 성교는 메마른 사막 횡단과 같다. 둘째, 성인용품을 활용해 보는 것이다. 부부마다 성 취향도 다르고 부부간 성 취향도 다르다. 여성 윤활제인 젤부터 시작하여 남성의 발기 수준을 향상시키는 제품까지 실로 다양한 제품이 노년기 부부 성생활을 도울 수 있다. 셋째, 성감대를 찾는 것이다. 노년기가 되어도 자신의 성감대가 어디인지 알지 못하는 경우가 대부분이다. "이 나이에 무슨 성감대!"라

노년기 성과 사랑은 특별하지 않다. 중년의 연장이자 보다 자유롭고 즐거울 뿐이다.
출처 : http://blog.joins.com/

고 말할지 모른다. 그러나 기억하라. 사람은 죽을 때까지 성적인 존재 (Homo sexual)이다.

3. 불타는 청춘 : 이젠 죽어도 좋아!

중년 이후의 성(性)은 대개 방치 수준이다. 남편은 직장에, 술자리에 휘둘려 아내와 소원해진다. 또 아내는 폐경 이후 신체적 변화와 '피로해 쩔쩔매는 남편이 안쓰럽고', '성장기 자녀 뒤치다꺼리하며 살다 보니' 등의 이유로 성과 담을 쌓고 지내게 된다. 중년 이후 많은 부부들이 '섹스리스 커플'(sexless couple)이 되어 가고 있다. 그래서 부부간 잠자는 모습을 보면 부부의 연령대를 예상할 수 있다는 내용을 담은 유머가 있다.

> 20대 부부는 겹쳐서 잔다
>
> 30대 부부는 마주보고 잔다
>
> 40대 부부는 천장 보고 잔다
>
> 50대 부부는 등돌리고 잔다
>
> 60대 부부는 각 방에서 잔다
>
> 70대 부부는 서로가 어디에서 자든 상관하지 않는다

최근 한 다국적 제약회사가 29개국인 40~80세 남녀 2만 6,000명을 대상으로 '성에 대한 태도와 행동'을 조사한 결과, 우리나라 응답자 1,200명 중 54%가 일주일에 한 번 미만 또는 한 달에 한 번 미만 성관계를 갖는다고 대답한 것으로 나타났다. 또 24%는 1년 동안 단 한 차례도 성생활을 하지 않았다. 부부간 성생활은 부부 친밀감에 영향을 미칠 뿐

아니라 남성과 여성의 성감에도 영향을 미치게 된다. 대개 젊어서부터 규칙적으로 성생활을 하면 70, 80대, 심지어 90대까지 성행위가 가능한데도 우리나라 부부들은 40, 50대에 벌써 성적 무능력자의 길로 걸어들어가고 있는 셈이다.

노년기 청춘연애를 위하여!

남성들이 가지고 있는 성에 대한 이해에 대해 노인들은 일명 곶감론과 샘물론으로 이야기한다. 사람의 성자원(性資源)은 창고 안에 보관된 곶감처럼 쓸 수 있는 용량이 제한돼 있다는 것이 '곶감론' 이고, 아무리 써도 고갈되지 않으며 퍼낼수록 좋다는 것이 '샘물론' 이다. 지나치지만 않다면 쓰면 쓸수록 더욱 자원이 오래간다는 것이 남자들 사이에서 도는 '정설' 이다. 실제 노인이 되면 성욕이 떨어지는 것으로 아는 사람이 많지만 중년기부터 규칙적으로 성생활을 하는 것이 생활에 도움이 되는 것도 사실이다.

남성들에게 있어 규칙적 성생활은 장점이 많다. 우선 고환, 음경 등의 위축과 퇴화를 방지하고 전립샘 질환을 예방한다. 또한 뇌를 자극해서 치매를 예방하는 효과도 있다. 또 뇌에서 엔돌핀을 분비시켜 스트레스 해소, 통증 완화, 면역력 강화 등을 가능케 하고, 성교 과정에서 심장근육도 강화한다. 한편 성의학자들에 의하면 중년 이후 남성이 정상적 사정(射精)을 참으면 모든 성 기관이 퇴화하며 전립샘염, 전립샘비대증 등이 생기거나 증세가 악화되며, 정낭과 전립샘의 압력이 높아져 혈관이 터지는 황당한 일을 겪을 수도 있다.

남편들이 기억할 것은 더 늦기 전에 '잃어버린 밤' 을 되찾아야 한다는 것이다. 무엇보다 부부간의 대화가 중요하다. 건강한 심리상태만큼 분위기도 중요하다. 침실을 아늑하고 분위기 있게 꾸미고 자신의 냄새와 외모에 신경쓰는 등 '환경조성'에 역점을 둘 필요가 있다.

오랫동안 관계가 없었던 경우라면 생각처럼 잘 안 될 수 있다. 이때 잘 안 되는 것은 당연하다. 노화과정이기 때문이다. 다만 필요한 것은 서로에 대한 이해와 신뢰이다. 또 젊었을 때보다 적극적인 자극이 필요할 수도 있다. 그래도 도저히 안 된다면? 절망하기에는 아직 이르다. 병원을 찾아라. 발기부전이라고 할지라도 거의 70% 이상은 비아그라 등의 약물로 효과를 볼 수 있으며 주사제, 보형물 등 다른 해결책도 많다. 시중에 알려진 발기부전 치료제 비아그라는 발기 지속 시간이 4시간, 시알리스는 36시간, 레비트라는 평균 8시간 정도이며, 자이데나나 야일라는 12시간 지속형이다. 다만 개인에 따라 반응 속도가 다소 다를 수 있으니 의사의 진단에 따라 사용한다면 어려움 없이 성생활을 즐길 수 있다. 또한 최근에는 '섹스렛츠' 등 껌 형태의 발기부전 치료제도 나왔다. 노년의 성이 이유를 묻는 시대는 지났다.

노년 남성 중 발기부전이 심할 때는 단순히 성교 자체에 의미를 두기보다, 성행위에 대한 개념을 바꿀 필요도 있다. 외국에서는 성행위에 키스나 애무 등도 포함한다. 최근 독일 쾰른대학교 연구팀이 지역 주민 4,400명을 대상으로 조사한 결과 60대의 66.1%, 70대의 41.5%가 지속적으로 부부관계를 갖는 것

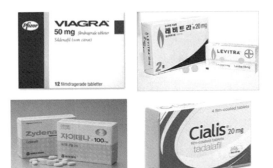

발기부전 치료제는 의사의 진단에 따른 처방을 받아야 한다.
출처 : http://urocenter.tistory.com/

으로 나타났는데 이때 부부관계는 포옹, 키스, 애무 등을 포함하는 것이었다. 발기는 성기를 세우는(erect) 발기(勃起)만이 전부가 아니다. 용기를 내어 기를 발산하는 발기(發起)야말로 노년기의 행복한 발기(勃起)를 위한 처음이자 정점이 될 것이다.

중년 이후 여성의 성은 중년 남성의 성에 비해서도 덜 주목받는 것이 사실이다. 여성은 폐경기 이후 성생활이 어려워진다고 여기는 사람들이 많지만 분비물의 양이 부족하더라도 성생활은 대부분 가능하다.

여성도 남성과 마찬가지로 70, 80대까지 성생활이 가능하며 미국에서는 혼자 사는 80세 이상 할머니의 20%가 매주 한 번 자위를 한다는 조사결과도 있다. 그러나 우리나라 여성들의 상당수는 40, 50대를 전후하여 성생활과 거의 담을 쌓고 있다. 상당수는 충분히 고칠 수 있는 '성기능 장애' 때문에 성을 멀리한다.

대개 노인여성들의 성기능 장애는 도무지 성욕이 생기지 않거나 성행위를 혐오하는 성욕장애, 질의 윤활작용이 원활치 못해 외음부 등 성기 감각이 둔화되는 성흥분장애, 오르가슴에 도달하지 못하는 극치감 장애, 성교통 질경련이나 평상시 통증이 동시 다발적으로 발생하는 경우가 많다. 즉 성교를 할 마음도 없고 하면서도 즐겁지 않을뿐더러 오히려 더 아프고 하고 나서 남는 것은 통증과 상처뿐이란 말이다. 게다가 정서적으로 이미 멀어진 지 오래인 남편을 노년기에 갑자기 가

노년기 남성 발기부전은 갑작스럽게 찾아오기도하고 점진적으로 찾아오기도 한다.
출처 : http://www.kormedi.com/news/article/1192094_2892.html

까이하기란 쉽지 않은 문제이다.

그러나 흥미로운 것은 이런 성기능 장애 중 상당 부분은 부부간 대화와 이해로 치료된다는 점이다. 그러나 대화로서 한계가 있다면 병원을 찾는 것도 좋을 것이다. 대개 병원에서는 먼저 설문지 조사를 하고 성기 혈액의 양과 속도 등을 측정한다. 혈액의 호르몬 양도 검사하며 질의 산도를 측정해서 애액(윤활액) 분비 정도를 체크하기도 한다. 일반적으로 네 가지 장애 중 주치료 대상은 성욕장애와 성흥분장애이며 이는 심리상담, 호르몬요법, 윤활제 투여, 약물요법 등으로 치료한다. 그리고 나머지 둘은 두 가지를 치료하고 나면 자연히 해결되는 경우가 많다. 최근 '플리반세린'이라는 여성 성욕장애치료제가 국내에서 처방되기 시작했다. 무의욕이나 고통 속에서 지내기보다는 보다 적극적인 치료가 도움이 될 수 있다.

실제 여성들 중 노년기 남편과의 원만한 성생활을 위하여 상담치료와 약물치료와 같은 성치료를 받는 사람은 찾아보기 어렵다. 그러나 상당수의 노년기 부부들이 여전히 밤마다 성생활을 하고 있고, 많은 부부들이 성생활의 어려움을 호소하고 있기 때문에 노년기 성에 대한 교육과 성치료는 적극 고려되어야 할 부분이다. 노년기 여성들 중 여전히 만족스러운 성생활을 하고 있는 경우는 대개 젊은 시절부터 대화가 원만히 이루어지고 부부간의 생활만족도가 상당히 높았다.

드물게 자녀 출가 후 여유 있는 성생활을 즐기는 노년기 부부들 중에는 간혹 늦둥이가 생기는 경우도 있다. 폐경기 이후 여성이라도 난소에서 난자가 만들어질 수 있기 때문이다. 간혹 산부인과에서 50대 후반의 여성이 임신을 경험하는 것을 볼 수 있는데 아주 드물기는 하나 가능한 일이니 노년기 임신이라도 폐경 후 몇 년간은 임신의 가능성을 염두에

두어야한다.

노년기 부부 성생활을 위한 운동법과 식이요법

노년기 부부의 행복한 성생활을 위하여 도움이 될 만한 몇 가지 요법들이 있어 소개하고자 한다.

2000년 세계 남성갱년기학회에서 발표된 한 논문에 따르면 5~10년 동안 매일 혹은 이틀에 한 번 정도 달리기, 수영과 춤 등을 해온 평균 연령 68세 남성 71명과 좌식생활을 하며 운동을 멀리해 온 평균 연령 69세의 남성 87명을 비교한 결과 혈액 속 남성 호르몬 테스토스테론의 농도가 운동을 하지 않은 그룹보다 운동을 지속적으로 한 그룹에서 월등히 높은 것으로 나타났다. 즉 운동이 남성의 성기능에 분명한 영향을 미치는 것이다.

정력 증가에 좋은 것으로 알려진 것은 등산과 조깅이다. 반면 골프는 운동 강도가 낮은 편이다. 한편 자전거 타기는 회음부의 혈관과 신경을 누르기 때문에 남녀 모두 한 번에 30분 이내로 마치는 것이 바람직하다.

최근 많이 알려진 케겔운동은 성기능을 강화하고 성감을 높이는 운동으로 잘 알려져 있다. 케겔운동은 1940년대 미국의 산부인과 의사 아놀드 케겔이 요실금을 치료하기 위해 개발했는데 당시에는 주목을 받지 못하다가 이 운동이 성감을 촉진시키는 데 효과가 있다고 밝혀지면서 성기능을 향상시키는 운동으로 널리 퍼지게 되었다. 음모 부위의 뼈인 치골에서 꼬리뼈에 이르는 근육이 있는데, 이를 골반 바닥근 혹은 질근육이라고 한다. 이 근육은 자궁, 방광, 대장을 받쳐주며 요도, 질, 항문의 수축운동을 담당한다. 대개 질근육이 강할수록 남성이나 여성의 성적 만족감이 더해지게 된다. 일반적으로 질근육의 힘이나 탄력은 20대

중반부터 약해지기 시작하여 출산 이후 더욱 약해진다. 이 때문에 긴장성 요실금, 질에서의 가스배출 등이 생기고 질이 헐겁고 무겁다는 느낌이 들기도 한다. 따라서 잠자리에 자신감이 없어지고, 남편의 외도를 걱정하며 부부관계도 흥미를 잃기 쉽다.

케겔운동은 다음의 3단계로 나눠서 실시한다.

- 1단계 : 소변을 참을 때를 연상하며 질을 1초 동안 수축했다가 긴장을 푸는 것을 반복한다.
- 2단계 : 1단계가 익숙해지면 질을 5~10초 동안 수축했다가 긴장을 푸는 것을 반복한다.
- 3단계 : 질의 근육을 마치 질이 물을 빨아올리듯이 뒤에서 앞으로 수축하고 다시 물을 내뱉듯이 풀어 버린다. 한 번에 10회씩 하루 다섯 번 반복한다.

쉽게 말해 케겔운동은 소변을 참을 때를 연상하며 질을 조였다 풀기를 반복하는 것이며, 이때 질근육만을 수축하고 다리, 엉덩이 근육은 움직이지 않는 것이 요령이다. 하루에 10회 정도로 시작해서 점차 300~400회 정도까지 늘려 나가면 좋다. 케겔운동은 혼자서 언제, 어느 곳에서나 할 수 있으므로 꾸준히 한다면 좋은 결과를 얻을 수 있다. 하

남성들은 점차 줄어드는 정력을 보강하기 위해 각종 음식을 포함한 정력제를 찾곤 한다. 그러나 꾸준한 건강관리와 운동이 가장 중요하다. 드라마 〈선덕여왕〉에서 죽방이 그토록 먹고 싶어 했던 정력제 해구신을 건네받는 장면.

루에 5분씩, 3번 이상, 3개월간 시행을 권한다.

성생활을 원활하게 하기 위한 방법으로 식이요법도 사용되고 있다. 과도한 음식 섭취는 고혈압, 당뇨 등 성인병에 의한 발기부전과 성욕 장애를 유발할 위험이 있다. 앞서 언급한 적절한 운동과 더불어 비타민 E가 노년기 성생활에 도움을 준다. 비타민 E가 노화예방을 돕고 피부의 탄력을 강화·회복시키는 기능을 하기 때문이다. 최근에는 복용하기 편하게 알약 형태로 나와 있기도 하다. 그러나 그보다 권하고 싶은 것은 음식을 통한 섭취이다. 깨, 호두, 콩 같은 식품을 적극적으로 섭취하는 것이 좋으며, 간이나 돼지고기 등에 많이 들어 있는 비타민 B군 역시 성욕을 일깨우는 영양소로 알려져 있다.

자식들도 떠나가고 36시간 지속된다는 시알리스까지 도와주는 노년기의 삶은 의지만 있다면 그야말로 '인생의 르네상스'이다.

성공적 노화 : 아름다운 완성을 위하여

요사이 웰빙(well-being)이 대세다. 먹는 것에서 입는 것, 보는 것, 사는 집까지 웰빙이 빠지면 상품가치가 떨어진다. 인생살이에서도 웰빙 바람은 일명 웰에이징(well-aging), 즉 잘 늙기, 성공적 노화로 나타나고 있다. 도대체 웰에이징, 성공적 노화는 무엇인가?

1. 노년기 통합성을 위하여

에릭슨의 노년기 성공지침 : 통합성 대 절망감

유명한 사회심리학자 에릭 에릭슨(Eric Erikson)은 우리의 심리가 사회적 관계에 따라 발달하며 인생은 이런 사회적 관계 발달을 중심으로 8단계로 나누어진다고 하였다. 또한 살아가면서 누구나 개인의 성장과 더불어 각 단계마다 위기를 맞게 되며, 이 시기에 긍정적이며 적응적인 방향과 부정적이고 부적응적인 방향 가운데 어느 한 가지로 나아간다고 한다. 이 방향을 결정하는 중요한 것이 바로 각 단계마다 주어지는 발달과제를 수행하는 것이다. 제일 마지막 단계인 노년기에는 신체 노화와 직업으로부터 은퇴, 자녀의 출가, 친한 친구나 배우자의 죽음 등의 위기감을 경험하게 된다. 이 시기의 성공적인 발달 과업은 통합성(Integrity)을 갖는 것이다. 곧 개인이 노년기에 나타나는 신체적, 사회적 상황을 과거에 대한 회고를 통해 어떻게 평가하느냐가 노년기의 중요한 과제이다.

노년기 통합성의 특징은 첫째, 자신의 삶 전체를 받아들이는 것이다. 이제까지의 삶을 만족과 감사로 받아들이며, 심지어 자신의 죽음까지도 받아들이고 죽음으로 끝나는 생애주기를 초월하려는 궁극적 관심까지도 갖게 한다. 둘째, 세대와 세대 간의 연속성에 참여하는 일이다. 전

단계의 생산성이 타자에 대한 돌봄을 말하는 것이었다면 자아통합은 이전 세대와 동지의식을 갖는 동시에 인간의 존엄과 사랑을 위해 시공을 달리해 사람들과 정서적으로 하나가 되는 것이다. 셋째, 유년기의 순진성을 동시하는 것이다. 젊은 날의 자만심이나 방어벽이 성숙함으로 흡수되어 거짓이나 위선이 '노숙한 순진성'(senile childishness)으로 순화되는 것이다. 이런 특징으로부터 지혜가 터져 나오고 만인을 공감케 하는 기지가 나오게 된다.

그러나 이런 통합과 성숙이 이루어지지 않을 때 혐오감이나 절망감이 올 수 있다. 자신을 향해서는 지금까지 살아온 삶을 후회하거나 염세적인 태도를 취하게 되는 것이고, 타인을 향해서는 아무리 값진 일을 해낸 인물이라도 경멸하려 든다. 이것은 자신의 후회스러운 감정을 타인에게 투사하려는 것이다. 이때 나타나는 악덕(惡德)인 우울은 종종 고독과 거부로 인해 오는 세상에 대한 거부반응이다. 이것은 절망과 이름을 같이하는 다양한 감정들로 나타나는데, 슬픔, 의기소침, 불평, 자기경멸, 타인경멸 등을 들 수 있다. 에릭슨에 의하면, 우울은 잃어버린 대상에 대하여 감정 부여를 하지 않기 때문에 발생한다. 그리고 잃어버린 대상에 대해 감정부여를 하지 않을 때, 그것은 분노나 원망으로 변한다. 이렇게 되면 이전에 관심

유동식 선생은 2010년 현재 89세에도 왕성한 학술활동과 건강 및 독립적 생활방식을 유지하고 있다.
출처 : http://www.hani.co.kr/section-0091000 20/2003/01/00910002020030116191 7654.html

과 정열을 갖고 공을 들였던 사람들과 모든 일들이 혐오스러워진다.

그러면 우울과 벗하고 살아야 하는가? 그렇지 않다. 이러한 우울을 깰 수 있는 덕목이 있으니, 바로 '지혜'이다. 지혜는 '죽음의 면전에서 삶에 대한 초연한 관심'을 말한다. 지혜에도 욕망이 있을 수 있으나, 이전의 욕망의 대상을 이제는 한걸음 떨어져 사랑할 수 있게 되며 초연하게 바라볼 수 있게 된다는 것이다. 그러므로 세상에 대해 돌아서지 않으면서도 세상에 대해 포기하는 것이다. 지혜는 우울증의 슬픔을 알지만, 슬픔의 대상에 대해 방어적인 공격을 하지 않는다. 지혜를 통하여 우리는 우리의 축적된 지식과 경험을 통합한다. 지혜를 발달시킨 사람은 전체성과 완결성의 모델이 된다. 통합에 이른 노인은 지나온 일생에 대한 정리를 통하여 그동안 이룩한 일에 대한 행운, 성취의 감정과 큰 과오 없이 살아오고 자녀들이 성숙한 데에 대하여 '감사하는 태도'를 취하며, 자아통합적인 자세로 살아간다.

에릭슨이 '80대 노인으로 다시 본 노년기'에 대해 쓴 글을 보면 노년기가 어떤 것인지에 대한 늙은 사회심리학자의 솔직한 고백을 들을 수 있다. 에릭슨은 자신이 80대가 되어 보니 자신이 젊을 때에 가졌던 인간발달에 관한 견해와는 다른 견해를 가지게 되었다고 말하고 있다. 그는 노인들이 지니고 있는 창조성과 생산성을 높이 평가하면서, 노년기와 유년기에는 유사점이 많으며 그 유사점 중에 좋은 특징들을 되살리는 것이 중요하다고 말했다. 예를 들면 놀라움, 즐거움, 재미 등, 성인들이 의무 때문에 희생했던 덕목들 등이다. 또한 그는 '일반화된 성욕'이라는 말로 노년기의 성욕을 표현하고 있는데, 이것은 성욕에서 생식성을 제외한 욕구라 할 수 있다. 그리고 이 제외된 생식성은 창조성이나 생산성으로 승화될 수 있다고 말하고 있다.

반면 절망에 빠진 노인들은 지나온 시절에 대하여 불만과 회한을 갖고 억울해하며, 특히 인생이 실패한 데 대한 책임을 자기 자신보다 타인에게 돌림으로써 남을 원망하게 된다.

자신의 과거와 현재를 긍정하고 즐거움으로 사는 것, 억울함으로 가슴을 치며 사는 것, 노년기에 여러분은 어떤 숙제 결과를 낼 것인가?

성공적 노화

성공적 노화(successful aging 또는 aging well)란 자신과 다른 사람 모두를 만족시키는 수준의 신체적, 사회적, 심리적 안녕의 가능성을 말한다. 성공적 노화의 개념은 1986년 미국 노년사회학회의 주제로 소개된 이래 노년학자들의 주요 연구 주제가 되어 왔다. 생물학을 포함한 의학, 사회과학, 인지과학, 행동과학 등 다양한 분야에서 성공적인 삶에 필요한 구성요소들을 살피고 있지만 성공적으로 늙는다는 것의 의미가 무엇인지, 영향을 미치는 요인들은 어떤 것인가에 관하여는 아직 일치된 의견이 없다. 최근 미국에서 연구된 성공적 노화에 대해 살펴보자.

먼저 리프(C. D. Ryff)는 성공적 노화의 구성요소로서 자율성, 환경통제, 개인적 성장배경, 자기수용, 뚜렷한 목표의식, 타인과의 상호작용 등을 들었다.[1] 이후 피셔(B. J. Fisher)가 41명의 62~92세 노인을 인터뷰하여 성공적인 노화의 특성으로 리프가 제시한 성공적 노화의 구성요소들을 재확인한 바 있다.[2]

1) Ryff, C. D.(1982). Successful Aging: A developmental approach. *The Gerontologist. 22*, 209-214.
2) Fisher, B. J.(1995). Successful Aging, life satisfaction, and generativity in the later life. *International Journal of aging and Human Development. 41*(3), 239-233.

로우와 칸(J. W. Rowe & R. L. Kahn)은 노인들 중 성공적인 노인과 보통의 노인을 구분한 바 있다. 그의 조사에 의하면 성공적인 노인들은 젊은 사람들과 비슷한 수준의 건강 상태를 유지하며 기능면에서도 활동적인 특성을 보인 반면, 보통의 노인들은 건강을 상실하거나 기능적으로 약화된 사람들이었다. 이 연구에서 이들은 성공적 노화의 세 가지 영역으로, 질병, 신체적 기능 유지, 적극적 생활 참여 등을 포함시켰다.[3]

● 성공적 노화의 구성요소 ●

리프(1989)	1. 자율성 2. 환경통제 3. 개인의 성장 배경	4. 자기수용 5. 뚜렷한 목표의식 6. 타인과의 원활한 상호작용
피셔(1995)	1. 자율성 2. 환경통제 3. 개인의 성장 배경	4. 자기수용 5. 뚜렷한 목표의식
로우와 칸(1997)	1. 질병으로 인해 무기력해지지 않는 것 2. 높은 정신적·신체적 인지기능 3. 적극적인 생활 참여	
베일런트(2002)	1. 교육 2. 성숙성 3. 신체적 건강	4. 심리사회적 건강 • 정신적 건강 • 정신적 건강 • 심신의 원활한 활동 • 생활 만족 • 긍정적 노화인식 • 여유 있는 경제상태

3) Rowe, J. W. & Kahn, R. L.(1997). Successful Aging. *The Gerontologist*, *37*(4), 433-440.

하버드 의대 교수이자 정신과 의사인 조지 베일런트(George Vaillant) 교수는 『Aging Well』이란 책에서 1920년대 268명의 하버드대학교 법대 졸업생을 종단 연구한 그랜트 연구, 1930년대 태어나 사회적 혜택을 제대로 누리지 못했던 456명의 이너시티 고등학교 중퇴자들로 구성된 성인 노동자 그룹을 연구한 이너시티 연구, 지능지수 150 이상의 천재 여성 집단인 '터번 천재 여성' 집단을 60~80년에 걸쳐 추적한 자료를 통하여 세 집단을 비교하여 성공적 노화의 근본적 요소를 찾아내어, 건강하고 건설적으로 나이를 먹는 것의 의미를 알려주고 있다.[4]

성공적인 노화의 구성요소들은 건강과 경제적인 자립과 더불어 심리적인 자립이 포함된다. 이른바 성숙성(generativity)은 노화의 중요한 요소로 여겨진다. 이는 타인과의 상호작용, 다음 세대를 염려하는 마음, 개인적 복지감, 개인 특성을 사용한 창조적인 노력들을 노년기에도 지속적으로 가질 때 가능해진다.

2. 노년기 웰빙을 위하여 : 50세 같은 100세를 소망하며

고령화 이야기가 나오면 연금, 일자리, 4苦(빈고, 병고, 고독고, 무위고)와 같은 사회, 경제적 문제가 주로 거론된다. 그러나 모든 것을 초월해 가장 중요한 것이 있으니, 바로 건강이다. 남의 건강도 좋지만 나 자신의 건강이 더욱 중요해지는 때가 바로 노년기이다. 요사이 노인대학에

4) 이 책은 『10년 일찍 늙는 법 10년 늦게 늙는 법』(이덕남 역, 서울: 나무와 숲)으로 번역되었다. 그러나 이 책은 당시 유행하던 '10년에 10억 부자 되기' 같이 '10년'이란 유행어의 막바지에 얹혀 책의 의미가 많이 퇴색되어 아쉬움을 남겼다.

가면 어김없이 듣게 되는 표어가 있다. '99-88-12-3사(死)'가 그것이다. 99세까지 팔팔(88)하게 하루(1)나 이틀(2) 앓다가 사흘(3)째 죽자(死)는 것이다. '88-99 No!'도 있다. 88세까지 구질구질하게 살지 말자는 것이다. 노인들의 이 구호들은 노년기의 목표가 단순히 장수(長壽)나 영생(永生)이 아니라 건강하고 행복한 노년기를 보내자는 것을 의미한다.

최신 유머 중 오빠, 아저씨, 노인을 배로 구분하는 유머가 있다.

> 배가 홀쭉하면 오빠
>
> 배가 나오면 아저씨
>
> 배가 처지면 할아버지!!

노인의 배가 처지는 것은 피부와 장기, 근육의 노화 때문이기도 하지만 대개 운동부족이 그 주요 원인이다.

노인들이 대체로 운동을 덜 하는 것이 사실이다. 그러나 늙을수록 운동은 더 필요하다. 동서고금을 막론하고 운동의 효과를 의심하는 사람은 거의 없다. 운동은 보약이라지 않는가. 그만큼 그 효과가 좋은 것이 입증되었다. 가장 저렴하고 상쾌하며 효율적이고 과학적인 만병통치약, 바로 운동이다.

노년기 운동은 청장년기에 비해 훨씬 중요하다. 노년기에 발생하기 쉬운 허리통증과 어깨 걸림을 완화시켜 주고, 소화를 촉진시키고, 변비에 특효이다. 지속적인 운동을 하는 동안 심장 근육이 강화되면서 움직일 때마다 숨이 차는 증상도 줄고 피로감도 덜게 된다. 호흡기 질환도 예방이 가능하며 감기와 같은 면역력 저하로 인해 겪게 되는 질병도 덜 걸리게 된다. 에너지가 균형적으로 사용되면서 입맛이 돌고 야간에 불면으로 고생하는 일이 없다. 이 모든 것이 운동의 효과이다.

운동 : 곰 같은 힘이여, 솟아라!

사람은 노화가 진행되면서 점차 운동능력이 감소하게 된다. 대개 65세가 넘으면 20대 젊은이 체력의 30% 정도밖에 안 된다. 심장을 제외한 장기의 무게가 줄고 기능도 저하된다. 뼈에 붙어 있는 수의근도 마찬가지다. 즉 몸의 세포가 노년기가 되면 수십 년 돌린 기계마냥 삐그덕거리게 된다. 탄력을 유지해 주는 수분 유지율도 떨어지고 그 자리에 노폐물이 차게 되니 노화는 온몸으로 겪는 변화임이 분명하다.

늙는 것을 누가 막으랴! 그러나 최소한 억제는 할 수 있다. 그것이 운동이다. 운동의 중요성을 모르는 노인은 거의 없다. 그러나 '몸이 아파서' 혹은 '귀찮아서', '약해서' 운동을 하지 않는다. 몸이 약하거나 아파서 운동을 못할 수도 있지만 오히려 그 반대일 수도 있다. 운동 부족으로 체력이 저하되면서 저항력과 면역력이 떨어지면서 신체 질환이 악화되거나 새로운 병에 걸릴 수도 있다는 말이다.

우리나라 노인들의 운동량은 턱없이 부족하다. 나이 들어서 운동이 부족하면 오히려 젊은 사람보다도 훨씬 빨리 근육이 굳는다. 운동 부족으로 점차 몸은 쇠퇴하고 정신도 흐려진다. 급기야는 노년기에 나타날 수 있는 다양한 노인성 질환에 걸릴 확률이 높아진다. 중풍, 당뇨, 고혈압, 고지혈증은 턱없이 부족한 노인들의 운동량이 중요한 발병원이 되고 있다.

사실 운동을 '한다' 는 말은 적절하지 않다. 움직이는 존재가 그 움직임을 멈추면 그 생명이 없어졌다고 말한다. 움직여야 살아 있다는 말이다. 운동은 인간의 삶 자체여야 하는 것이다.

내 어머니는 거의 10년간 골다공증으로 고생을 하고 계신다. 150cm 가량의 신장에 몸무게가 족히 70kg은 나갔기 때문에 세 끼 식사 후엔

한 줌씩 약을 드시곤 했다. 또한 심한 관절염에 시달렸기 때문에 관절에 좋다면 곰국이다 도가니탕이다 해서 무엇이든 드셨다. 관절 통증이 심한 날에는 집에만 있었고 평소 성인 걸음으로 불과 2분도 걸리지 않을 집 앞 가게에 도착하는 데만 15분 이상이 걸릴 정도였다. 몇 년간 약을 먹어도 관절염 약 때문인지 살은 자꾸만 찌고, 살이 찌니 다리는 더 아파오고, 그래서

노년기 운동은 건강과 행복감을 증진시킨다.
출처 : http://article.joins.com/

약을 먹으면 잠시는 괜찮아도 다시 통증이 오고, 염증약을 장기 복용하다 보니 위장도 망가져 위장약을 따로 처방을 받아야 하는 악순환이 이어졌다. 누가 봐도 음식에 집착하며 지내던 분이 어떤 결심에서였는지 운동을 시작하셨다. 매일 아침 새벽 5시면 비가 오나 눈이 오나 바람이 부나 근처 학교 운동장을 하루 30분부터 시작하여 점차 늘려 1시간가량을 거의 하루도 빠짐없이 1년을 걷고 또 걸으셨다. 그 새벽 시간대에 늘 함께 운동장을 돌던 동네 할머니들이 시간이 지나면서 걷는 자세나 속도가 상당히 빨라졌다고 입이 마르게 칭찬을 하고 있다. 그러나 어머니가 기뻤던 것은 자세나 속도보다 의사의 진단이었다. 어머니에 의하면, 늘 다니던 정형외과 의사가 골밀도 검사 후에 이런 이야기를 했다고 한다. "축하드립니다. 너무나 좋아지셨어요. 대부분 골다공증은 약을 먹으면 지연효과가 나타날 뿐이지 현저하게 좋아지는 사례는 없는데, 정말

많이 좋아지셨네요. 요즘 운동하세요?" 요즘 어머니는 신명이 나신다.

운동을 통해 건강하고도 행복한 노년기를 보낼 가능성이 높다. 할 수 있다는 자신감, 자신에 대한 사랑과 관심, 체력 유지나 강화에 따르는 신체 통증 감소 및 질병 예방 등이 보다 의미 있고 좋은 노년기를 만들어 가는 데 중요한 역할을 하기 때문이다. 고혈압이나 중풍, 당뇨병, 골다공증, 관절염 등을 앓고 있다면 더욱 운동에 관심을 가질 필요가 있다.

운동은 강제로는 하기 어렵다. 그러나 운동도 하나의 습관이다. 몸에 익숙하게 하는 꾸준한 운동은 노후생활의 큰 즐거움이 될 수 있다. 요새 손을 앞뒤로 짝짝 맞추며 시간에 관계없이 도심의 개천길과 학교 운동장을 누비고 있는 여성노인들과 운동을 취미삼아 지속하고 있는 남성노인들의 모습은 건강한 노화를 위한 하나의 문화가 되었다. 그 문화에 동참하는 습관이 필요한 것이다.

노인이 운동을 하면 무엇에 좋은가? 근육강화, 하체강화, 전신 신경자극, 심장혈관계 순환촉진, 뇌로 가는 혈행 강화 등 실로 많은 신체부분에 좋은 영향을 얻게 된다. 또 혈관의 저항력이 강화돼 건강한 삶을 유지할 수 있게 되고, 뇌신경이 자극돼 집중력도 높아진다. 최종적으로 세포의 노화가 억제되는 것이다. 이러니 노인

즐겁고 행복한 삶은 노년기 건강에 유익할 뿐 아니라 질병을 예방하고 면역력에도 긍정적인 영향을 미친다.
출처 : http://seongdong.seouldementia.or.kr/d_info/notice_view.asp?c_code=&type=2&page=35&field=&str=&sid=479

의 운동은 필수라고
말할 수밖에.

손은 사람의 운동
영역 중 50% 이상을
차지한다. 당연히 뇌
에서 손을 관장하는
부위는 넓다. 따라서
손을 자극하는 것이

자주 웃고 손뼉을 치는 행동은 심리적 도움뿐 아니라 최소한의
운동 기능도 가지고 있다.
출처 : http://www.hnews.co.kr/

곧 두뇌를 자극하는 셈이다. 손을 움직이는 운동은 참으로 많다. 북 치
고, 장구 치고, 탁자에 대고 손뼉을 치거나 손뼉 치기, 찰흙 반죽, 그릇
이나 인형 만들기, 그림 그리기, 크레용 칠하기, 설거지하기, 노래하며
손으로 박수를 치는 것(단체 오락), 카드놀이나 화투놀이 등 어떤 형체
든 자신이 재미있게 할 수 있는 것이면 뭐든 좋다. 치매 증상이 심해 아
무도 못 알아보는 상태라 하더라도 함께 손을 잡아주고, 안마를 해 주거
나 등을 가볍게 두드려 주고, 안아주는 것이 필요하다. 심리적인 도움뿐
만 아니라 최소한의 운동으로서의 기능도 갖고 있기 때문이다.

갑작스럽게 움직이자면 그것도 쉽지 않은 일이다. 그러니 일단 운동
을 시작했다가 움직이기 힘들면 각자 자신의 형편에 맞는 운동을 하는
것이 좋다. 다음의 사항들을 주의 깊게 살펴보라.

노년기 운동 제1원칙 : 안전제일

노년기에 운동을 새로이 시작하는 다짐, 의욕충천이다. 그러나 아무리
의욕에 넘치더라도 몸이 이미 젊을 때와는 같지 않다는 것을 기억해야
한다. 특히 오랫동안 운동을 하지 않은 경우, 마음만 믿고 갑작스런 운

최근 게이트볼은 노인들의 스포츠로 자리잡았다. 각 구청마다 동호회가 운영되고 있으며 그 활동 역시 활발하다.
출처 : http://jachi.jongno.go.kr/JUMIN/sub05/photoBBS/view.aspx?bbsId=36&page=0

동을 하는 것은 금물이다. 갑자기 격한 운동을 하게 될 경우 심장 및 혈관계에 무리를 주어 예상치 못한 장애를 경험하게 될 수도 있다. 마음을 느긋하게 가지고 아주 쉽고 간단한 것부터 시작해야 한다.

처음부터 땀이 날 정도로 갑작스런 운동을 하게 될 경우 땀이 식으며 서늘하다 못해 몸이 떨렸던 경험이 있을 것이다. 노년기 운동을 위해서는 의복 선택도 중요하다. 특히 기온이 내려가는 겨울철에는 체온 유지에 필요한 파카와 같은 겉옷, 땀복, 발목 관절을 보호할 수 있는 두터운 양말, 장갑 등이 필요하다. 땀이 난다고 해서 갑자기 옷을 많이 벗어서는 안 된다. 체온이 급격하게 떨어지면서 온몸의 세포들도 수축하며 심각한 경우 뇌질환을 유발할 수도 있다. 운동복 색상도 어두운 곳에서도 눈에 잘 띄도록 환하고 밝은 색이 좋다. 필요하면 야광 표시를 하는 것도 좋다. 특히 새벽이나 야간에 운동을 하는 경우 언제든 눈에 잘 띄는 알록달록한 운동복도 좋을 것이다.

노년기 운동 제2원칙 : 꾸준하게 만만디!

노년기가 아니더라도 하루 이틀 운동을 했다고 해서 금방 효과가 나타나지는 않는다. 지속적으로 운동을 하면서 조금씩 몸이 좋아지고 있다는 것을 알게 된다. 몸이 건강해지면서 마음과 생각도 활력적이게 된다. 그러니 일주일에 하루 날을 잡아 몰아서 운동을 하기보다는 규칙적으로 실시하는 것이 좋다. 최소한 일주일에 3일, 1회 최소 30분~1시간은 해야 운동효과를 기대할 수 있다. 약간 땀이 날 정도에서 무리가 아니라면 땀이 흠뻑 날 때까지 천천히 해보는 것이 좋다. 이 정도면 최대 심박수의 70% 정도에 도달하게 된다.

운동의 종류 역시 중요하다. 남들이 한다고 해서 마라톤을 하거나, 인라인 스케이트 등을 무작정 했다가는 몸에 무리가 오기 쉽고 지속적으로 하기도 어려워진다. 따라서 무조건 운동량이 많은 운동보다는 본인이 흥미를 느낄 수 있는 재미있는 운동, 자신의 체력상황에 맞는 것으로 선택하는 것이 좋다. 친구들과 여럿이 모여 함께 하는 운동도 좋고 아파트 등 실내의 베란다 문을 열어놓고 음악을 들으며 하는 것도 좋다.

준비운동 10분, 좋아하는 운동과 마무리 운동 10분 정도로 시간을 배분하는 것이 바람직하다. 정 힘들면 무거운 각반을 다리에 차고 동네를 산책하는 방법도 있다. 관절에는 아령, 자전거 타기, 각반 차고 걷기가 좋으며, 이 기구들은 운동기구점에서 쉽게 구입할 수 있다. 또한 헬스클럽을 이용한다면 근력 강화운동, 즉 웨이트트레이닝이 좋고, 심폐기능 향상에는 수영, 달리기 등이 효과적이다. 배드민턴, 테니스 등 구기종목은 복합 효과가 있고 지루하지도 않아 권할 만하다. 이 가운데 자신의 취향이나 능력에 맞는 운동을 고르면 된다.

또한 겨울이나 바깥 운동이 어려울 경우에는 가까운 쇼핑센터에서 쇼핑을 하듯 큰 반경을 따라 걷는 것도 좋다.

노년기 운동 제3원칙 : 효과적으로, 가능한 수준에서

20, 30대의 보디빌더를 떠올리면 거무스름하게 기름칠한 피부와 울퉁불퉁 튀어나온 근육을 과시하며 엘비스 프레슬리를 닮은 미소가 연상된다. 만일 그 몸에 70대 노인의 얼굴을 접목시키면 어떨까?

이미 언론을 통해 잘 알려진 우리나라 2대 몸짱 노인들이 있다. 조해석 씨와 이정석 씨다. 올해 73세인 이정석 씨는 65세 이상급 보디빌딩 대회에서 5년 연속 1위를 차지했다. 이정석 씨는 매일 2시간을 운동에 투자하고 있다. 조해석 씨 역시 헬스클럽을 운영하며 긴 수염이 어색할 정도의 놀라운 몸매를 위해 꾸준히 운동에 시간을 할애한다.

최근의 연구 결과는 운동은 젊음과 장수를 보장하는 믿음직한 약속임을 보여 주고 있다. 스탠퍼드대학교에서는 운동이 장수에 미치는 영향에 대해 눈에 띄는 결과를 발표했다. 중년 남성 6,000명의 운동능력을 조사한 뒤 10년간의 건강 상태를 추적 조사한 결과 '안정시 산소 이용률(1METs=3.5ml/kg/분)'이 한 단계씩 높아질 때마다 생존율이 12%씩 증가한다는 것이 확인되었다. 안정을 취한 상태에서 산소 이용률을 조사했을 때, 시속 9km(조깅 수준)로 뛸 때와 같은 산소 이용률인 8METs를 보이는 사람은 시속 3km(보통걸음 수준)로 걸을 때와 비슷한 산소 이용률인 2METs를 보이는 사람보다 생존율이 무려

운동은 자신의 건강 정도에 맞도록 하며 운동 전후 가벼운 맨손체조로 몸을 푸는 것이 좋다.
출처 : http://blog.chosun.com/blog.log....
3D719809

72%나 높다고 한다. 산소 이용률을 높이는 가장 큰 방법은 운동이다. 운동을 하면 폐활량이 높아져 더 많은 산소를 몸에 공급할 수 있고, 몸에서의 쓰임 또한 높아진다.

또한 노년기로 갈수록 근육운동의 중요성은 강화된다. 노인스포츠의학 전문가들은 20대는 유산소 운동 : 근육운동의 비율을 80 : 20으로, 60대는 55 : 45로 제시하고 있다. 또한 60대 이후 근육운동을 10년 이상 실시한 경우 70대 이후 사망률이 무려 50%가 감소한다고 하니 실로 놀랍다고 할 것이다.

무엇보다 운동의 효과는 질병 예방과 치료이다. 운동을 하게 되면 온몸의 기관과 세포가 활성화된다. 그 결과 원래 우리 몸이 갖고 있는 질병 예방 능력이 활성화된다. 또한 도파민과 엔도르핀의 증가로 마음의 평화와 행복감을 갖게 된다.

그러나 제아무리 좋은 약이라도 내게 맞지 않으면 그것은 독약이 될 수도 있다. 운동선수들의 수명이 일반인보다 짧다는 연구 결과도 있다. 특히 일본 씨름 선수의 경우 평균 수명이 50세를 넘지 못하는데 그 이유는 활성산소 때문이었다. 특히 지나친 운동은 과잉 활성산소를 만들어내게 되어 결국 득보다는 실이 많아지게 된다. 적당한 운동에서 높아지는 면역력도 심한 운동을 할 때는 도리어 하강곡선을 그리게 되며 최대 능력 80% 이상의 강한 강도로 운동을 할 경우에는 오히려 면역력이 떨어져 병에 걸리기 쉽다고 한다.

실제로 심한 운동을 한 직후부터 1~2시간 동안 혈액 속 면역세포의 숫자나 기능이 떨어지고, 면역기능을 낮추는 스트레스 호르몬은 증가한다. 심지어 마라톤을 완주한 경우에는 3~7일 동안 면역기능이 저하되어 있다는 보고도 있다.

노년기 운동 제4원칙 : 이상 징후가 오면 무조건 멈추고 살피라

운동을 생활화하지 않던 사람이 운동을 시작하면 5분 이내에 고통스러워 운동을 지속할 수 없는 경우가 가끔 일어난다. 이러한 현상은 몸의 기능이 갑작스런 운동을 모두 받아들이지 못하기 때문이므로 이러한 현상이 일어나면 일단 운동을 중지하고 충분한 휴식을 취한 다음 보다 가벼운 운동을 시작하는 것이 좋다.

갑작스럽게 가슴이 아프고, 복통이 일어나거나, 심한 근육통, 관절통이 있거나 심해지는 경우는 일단 운동을 정지하는 것이 좋다. 특히 가슴이 조이는 것 같이 아픈 협심통의 경우는 정밀검사를 실시하여 처치하며 의사의 처방에 따른 운동을 하는 것이 좋다.

잘 먹고 잘사는 법

대부분 노년기에 접어들면 영양상태의 균형이 깨지고 미각, 후각, 시각 등의 감각이 둔해지고 치아도 약해져 다양한 식품을 섭취하는 것이 어렵게 된다. 게다가 뭘 먹어도 맛이 없고 소화 기능도 떨어진다. 이러다 보면 균형 잡힌 식생활은 물론 영양상태까지 나빠지기 쉽다. 최근 '잘 먹고 잘 사는 법'이 웰빙 바람을 주도하면서 제대로 된 식사는 행복 비결로 꼽히고 있다.

식탁을 다채롭게, 음식은 골고루!

어떤 음식을 먹어야 건강하고 장수할까? 최근 장수 식품으로 알려진 8가지가 인기이다. 우선, 붉은 사과이다. 사과에는 섬유질, 칼륨, 비타민 C 등 무기질이 많이 함유되어 있어 성인병을 예방한다. 또 붉은색 껍질 속에 든 캠페롤과 케르세틴 성분은 유방암 세포에 영양을 공급하는 혈관의 단백질 성분을 차단해 암이 더 이상 자라지 못하도록 하는 역할을 한다. 폐를 보호하는 물질도 들어 있어 흡연자에게는 필수적인 음식이라는 사실이 최근 영국, 네덜란드 등에서 발표됐다. 섬유질이 풍부해 여성들의 단골 고민인 변비를 해소하는 데에도 탁월하다.

두 번째는 고추이다. 고추에는 비타민 C가 풍부하다. 매운맛을 내는 성분인 캡사이신은 신진대사를 증진시키고 다이어트에도 좋다. 또 체지방을 줄이는 효과가 있으며 비만 예방과 치료에 도움이 된다. 고추에 함유된 또 다른 성분인 베타카로틴은 호흡기 계통의 감염 저항력을 높이고 면역력을 증진시켜 질병의 회복을 빠르게 한다. 비타민 C 함량도 귤보다 2~3배나 높다. 특히 여름철 풋고추는 그야말로 영양의 집합소이다.

세 번째 음식은 수박씨이다. 수박에는 소변을 잘 볼 수 있도록 돕는 아미노산의 일종인 시트룰린이 많이 함유되어 있다. 그래서 신장 기능이 떨어지거나 몸이 자주 붓는 사람들에게 적격이다. 암 발생을 억제하며 동맥 속에 이물질이 쌓이는 것도 방지한다. 또 수박씨는 콜레스테롤이나 나쁜 지방질을 깨끗하게 해 주는 작용을 하므로 뱉지 말고 함께 먹으면 도움이 된다. 수박의 빨간색을 내는 라이코펜 색소는 체내의 유해 활성산소를 제거하고 항암작용을 한다. 수박 속의 라이코펜 함량은 토마토나 적포도

우리나라 100세 이상의 장수노인들은 대개 한식 중심의 소식가들이었다. 이들은 세 끼를 모두 챙겨 먹고 15~30분의 여유 있는 식사를 했다.
출처 : http://blog.joins.com/media/index.asp?page=4&uid=dsjang&folder=0&page_size=5&viewType=&day=200410

주보다 3~6배나 많다.

네 번째 음식은 뇌기능을 향상시키는 고등어이다. 고등어에는 단백질, 지방, 칼슘, 인, 나트륨, 칼륨, 비타민 A · B · D 등의 영양소가 풍부하다. 또 생선에만 들어 있는 특수 영양소인 EPA와 DHA가 많이 함유되어 있다. 이 두 지방산은 콜레스테롤 대사를 원활하게 해 주어 혈액순환과 함께 심장과 혈관의 근육수축을 조절하고, 정상적인 혈압을 유지하도록 돕는다. DHA는 뇌의 발달과 활동을 촉진시켜 기억과 학습 능력을 향상시킨다. 따라서 뇌 기능이 떨어지는 노년기에 중요하다. EPA와 DHA는 모두 혈중 콜레스테롤 수치를 크게 줄여 고혈압, 동맥경화증 등 생활습관병과 뇌의 활동을 활발하게 함으로써 노인성 치매(알츠하이머병) 등을 예방하는 데 좋다.

다섯 번째는 달걀이다. 노른자는 지구상에 존재하는 가장 완벽한 단백질이라는 찬사를 받고 있다. 달걀이 콜레스테롤 수치를 높이는 것으로 알려져 있지만 최근 연구에 따르면 흰자위만 먹으면 오히려 콜레스테롤 흡수가 감소된다. 노른자에는 치매 예방과 어린이 두뇌 발달에 꼭 필요한 레시틴 성분이 들어 있다. 따라서 고지혈증이나 당뇨병 환자를 제외하고는 하루에 한 개 정도 먹으면 좋다. 눈병을 예방하는 성분도 들어 있다. 흔히 소화가 안 된다는 이유로 삶은 달걀을 꺼리는 사람들이 있지만 달걀은 어떻게 요리하든 거의 소화가 되는 식품이다.

여섯 번째는 카레이다. 카레는 향신료에 들어 있는 자극 성분, 특히 매운 맛 성분에 의해 식욕을 크게 증진시킨다. 카레 가루는 커민, 터메릭, 코리앤더 등 10가지가 넘는 강한 향신료로 구성되어 있다. 이 성분은 위장을 튼튼하게 해 주며 항산화와 항암 효과가 있다. 한 연구에 따르면 카레의 향료에 함유된 물질이 몸 속 종양이 자라도록 돕는 단백질

● 소화되기 쉬우면서 다양한 식품이 골고루 들어 있는 노인 식단 ●

1,700kcal, 65~74세 여자			2,000kcal, 65~74세 남자		
아침	쌀밥(300kcal) 두부된장국(60kcal) 감자전(110kcal) 양배추쌈(50kcal) 배추김치(20kcal)	540kcal	아침	보리밥(300kcal) 소고기미역국(110kcal) 팽이버섯볶음(90kcal) 감자조림(80kcal) 김구이(10kcal) 오이소박이(40kcal)	630kcal
점심	팥밥(300kcal) 맑은장국(120kcal) 달걀찜(100kcal)) 가지볶음(50kcal) 김구이(10kcal)) 오이지무침(10kcal)	590kcal	점심	콩밥(300kcal) 육계장(210kcal)) 깍두기(40kcal) 애호박나물(40kcal) 꼬막양념장(130kcal)	720kcal
저녁	오곡밥(300kcal) 콩비지찌게(130kcal) 조기구이(90kcal) 도라지나물(40kcal) 나박김치(10kcal)	570kcal	저녁	쌀밥(300kcal) 시금치된장국(100kcal) 오이갑장과(50kcal) 가자미구이(110kcal) 도토리묵무침(60kcal) 배추김치(30kcal) 나박김치(10kcal)	650kcal

출처 : http://blog.naver.com/kyung3717?Redirect=Log&logNo=120022011395

을 억제하는 것으로 나타났다. 이는 카레 원료인 인도산 생강과 식물 강황의 색소성분인 쿠르쿠민의 작용 때문인 것으로 밝혀졌다. 이 물질은 상처 치료를 돕고 알츠하이머병과 다발성 경화증 치료에 도움을 주는 것으로 추정되고 있다.

일곱 번째는 현미이다. 쌀겨층과 씨눈에는 동맥경화를 예방하고 노화 방지에 효과가 있는 식물성 기름과 리놀레산, 비타민이 풍부하다. 또 현미밥은 꼭꼭 씹어서 오래 먹어야 하기 때문에 식사 시간이 길어지고 저

절로 소식(小食)을 하게 돼 비만을 예방하는 효과가 있다. 백미는 도정하는 과정에서 씨눈이 떨어져 나가 비타민과 미네랄 함량이 5%에 불과하다. 반면 현미의 경우 씨눈과 쌀겨가 벗겨지지 않기 때문에 비타민 B_1과 B_2, 단백질, 지방, 무기질, 식물성 섬유 등 거의 모든 영양소를 풍부하게 함유하고 있다. 각기병 예방에 좋은 비타민 B_1은 대사 작용에 관여해 피로회복에 도움이 된다. 또 현미의 쌀겨층에 들어 있는 식물성 섬유는 장의 연동운동을 도와 변비를 해소한다.

여덟 번째는 땅콩이다. 땅콩에는 인슐린을 안정시키고 심장병을 막아주는 성분이 있다. 섬유질이 함유되어 혈압 조절작용도 한다. 땅콩, 호두, 잣 등 견과류에 든 리놀렌산 등의 고도 불포화지방산은 혈관벽에 붙여 죽상(粥狀) 동맥경화증을 일으키는 나쁜 콜레스테롤의 수치를 낮춘다. 견과류에 든 엘라직산은 암의 진행을 방해한다. 일주일에 2~4회 이상 먹어야 효과가 있으며 땅콩 알로는 25알 정도가 적당하다. 그러나 땅콩에 곰팡이가 슬게 되면 간암을 유발하는 아프라톡신 물질이 생성되기 때문에 절대 먹으면 안 된다.

음식이 몸을 건강하게 하고 질병 예방기능까지 하니, '잘 먹어야' '잘 살게' 되는 것이다. 그러나 좋다고 해서 무조건 좋은 것은 아니다. 그 양과 종류의 조절 역시 중요하기 때문이다.

노년기에는 식욕부진이 되거나 식사 중추의 약화로 과식을 하게 되는 경우에는 비만이 되기 쉽다. 그러므로 정상체중을 유지하는 것이 가장 중요하다. 대개 정상체중이란 25세 때의 체중을 유지하는 것을 말하며, 따라서 50~64세에는 20~49세 성인의 영양권장량의 10% 정도를, 65세 이상에서는 성인의 20% 정도를 줄여서 섭취하는 것이 바람직하다. 총열량은 2,200~1,600kcal 정도 섭취하면 적당하다.

그러나 노년기에도 단백질, 무기질, 비타민 등은 거의 같은 양으로 섭취해야 하는데 특히 단백질은 섭취가 부족해지기 쉬우므로 하루 한 번 정도는 육류, 생선을 먹는 것이 좋다. 또 우유, 달걀 등을 평소에 충분히 먹어 두어야 하며 전체적으로는 밥량을 줄이고 반찬, 간식류 등의 섭취는 정상적으로 유지하는 것이 좋다. 나이가 들면 이가 약해지기 때문에 생과일이나 생채소의 섭취가 어려워 자칫 비타민류의 섭취가 부족해지기 쉽다.

오늘날 노인들에게 부족하기 쉬운 비타민은 비타민 A와 C인 것으로 보고된다. 노화되는 몸의 신진대사를 촉진하고 활력을 잃지 않기 위해서는 어떤 비타민 한 가지라도 부족하게 섭취해서는 안 된다. 신선한 채소와 과일, 달걀 등을 비롯한 여러 식품을 매일 다양하게 식탁에 올려 항상 좋은 건강상태를 유지할 수 있게 해야 할 것이다. 채소와 과일은 섬유질도 적당하게 제공해 줄 수 있는데 섬유질은 변비를 비롯한 여러 위장장애의 예방 혹은 치료효과 때문에 적절하게 섭취해야만 하는 성분이기도 하다.

노인들에게 가장 부족하기 쉬운 무기질인 칼슘과 철분을 충분히 섭취하는 것도 중요한데, 특히 오랫동안의 근소한 칼슘 결핍이 쌓여서 골다공증으로 발전하기 쉽다. 운동부족으로 인해 칼슘의 체외 배설이 늘어나면서 뼈를 약하게 만들기 때문이기도 하다. 따라서 우유를 많이 마시는 것이 좋으나 소화시키기 어려울 경우에는 식품 상태를 바꾼 발효유(떠먹는 요구르트류)를 섭취하는 것도 좋은 방법이다. 또 노인들은 철분 흡수가 낮아지므로 철분 함량이 높은 살코기, 간, 달걀을 자주 먹고 무청, 시금치, 쑥갓 등을 부드럽게 익혀서 소화와 흡수가 쉬운 형태로 섭취하는 것이 좋다. 비타민 C는 철분의 흡수를 돕는 영양소이나 이가 약하여 생과일이나 생채소를 먹기 어려운 경우에는 섭취가 부족해지기 쉽다. 이럴 때에는 과즙이나 생즙 등으로 조리 형태를 개선하여 공급하는 것이 좋다.

한국 노인들의 지방섭취량은 많은 편이 아니나 육류를 좋아하는 사람의 경우에는 과식을 할 경우 혈액 내 콜레스테롤 농도가 높아져 동맥경화나 고지혈증과 같은 질병이 우려되므로 지방 섭취는 콩기름, 들기름, 참기름 등 식물성 기름으로 하루 1티스푼 정도 먹어 혈중 콜레스테롤을 낮추도록 한다.

마지막으로 노인은 탈수에 빠지기 쉽다. 대수롭지 않은 설사나 식중독에 의해서도 탈수되기 쉬울 뿐 아니라 만성 변비증을 가지고 있는 노인들은 물을 충분히 마시도록 한다. 보통 날씨라면 하루 7~8잔, 더운 날씨에는 12잔의 물을 마시는 것이 좋다.

노인을 위한 식사 원칙

노인들은 고정된 식습관을 유지하려는 경향이 있다. 또한 식욕이 감퇴하기 쉽고 소화흡수가 곤란해지면서 영양상의 불균형이 오기 쉽다. 조리방법은 소화가 잘 되고 시각적으로 식욕을 돋울 수 있으며 기호에 잘 맞고 영양적으로도 균형을 이루는 것이 중요하다.

- 다양한 식품을 섭취하라.
- 과식이나 대식을 피하라.
- 섬유질을 충분히 섭취하라.
- 쇠기름과 돼지기름을 피하고 식물성 기름을 자주 섭취하라.
- 강한 양념을 피하라.

• 우유를 매일 마시고 물도 많이 마셔라.

적절한 음식 섭취와 더불어 노인들에게는 심리적으로 안정하는 것이 중요하다. 또한 입과 손을 자주 움직이는 것이 뇌활동에 도움이 되므로 크게 웃고, 즐겁게 대화하고, 노래 부르고, 바둑이나 장기를 두거나 일기 쓰기, 사소한 집안일을 하는 등 끊임없이 움직이도록 하는 것도 노인들의 영양관리를 위해 중요하다. 즉 잘 먹으면서 동시에 즐겁고 꾸준히 운동해 주는 삶의 조합이 무엇보다 중요하다는 것이다.

3. 웰 액팅에서 웰 다잉까지

웰 액팅 : 인생의 르네상스

현대 노인들의 인식변화를 살피는 연구결과는 전통적인 노인과 현대 노인들의 다양한 차이점들을 조명하고 있다. 과거의 노인 인식이 담고 있는 지혜와 전통의 담지자의 이미지를 넘어 최근 노인은 전혀 다른 모습을 보여 주고 있다.

1960년대에 노인의 활동에 관한 중요한 두 가지 이론이 대두되었다. 하나는 분리이론(disengagement theory)이다. 이 이론은 노인들이 왜 사회의 중심권에서 이탈하는가를 설명하기 위해 개발되었

최근 노인들을 중심으로 숲 해설가라는 새로운 활동영역이 형성되고 있다. 이들은 숲에 대한 전반적인 내용을 습득하고 이를 젊은 층에 알리며 그 활동성을 입증하고 있다.
출처 : http://www.silvernetnews.com/?inc=newsview &no =6800&s=45&ss=0&sss=0

다. 이 이론에 따르면, 노인과 다른 사회구성원들 사이의 상호작용이 점차 감소된다. 분리이론가들은 사회가 사회에 유익하지 않은 노인의 개입을 허용하지 않으며 점차 사회에서 분리한다고 주장한다. 또한 노인도 나이가 들면서 스스로 사회에서 멀어지기를 원하는 것으로 본다. 이 이론가들은 노인이 사회에서 이탈하는 것이 사회와 노인 모두에게 유익한 것이라고 설명한다. 그러나 이 이론은 노화를 지나치게 단순화시켜 복잡하고 다양한 노인의 특성을 적절히 설명하지 못한다는 비판을 받고 있다.

다른 하나는 활동이론(activity theory)이다. 활동이론은 분리이론과 반대의 입장을 취한다. 이 이론에 따르면 노년은 중년의 연장이다. 따라서 활동이론가들은 노인들이 활동을 중단하는 것이 아니라 지속하는 것을 당연하게 본다. 이 주장은 노년기 생의 만족감은 사회적 활동을 적정 수준에서 유지할 때 가능하다고 본다. 이 이론에 의하면, 사회적 활동은 성공적인 노화에 필수적인 사항이다. 따라서 신체적 및 정신적 활동에 적극 참여하면 노년기의 기능을 유지하는 데 도움이 된다.

전통적 노인의 이미지가 주로 분리이론과 연결되어 있다면, 현대 노인의 이미지는 활동이론에 기초하고 있다. 현대 노인들의 모습을 잘 보여주는 용어 중 오팔족이 있다. 오팔(OPAL, old people with active life)은 목표의식을 가지고 적극적이고 진취적으로 자신의 삶을 만들어가는 창조적 삶을 사는 노인을 말한다. 오팔족은 성취감과 생산감을 중시하고 머무르거나 정체되는 삶을 거부하며 보다 활기찬 노년을 만들고자 하는 이른바 '신노년(新老年)'의 새로운 브랜드로 자리잡았다. '신노년'이 변화하는 세대 속에서 자신들의 존재를 각인시키면서도 다른 세대들과 건강하게 함께 살아가는 역동적인 노년을 말하는 것이라면, 오팔족은 '신노년' 담론에서 나타나는 구체적인 노인의 삶과 이야기를 압축적으로 담아내고 있다.

현대 노인들은 새롭고 신나는 삶을 만들어 가는 데 보다 적극적이다. 컴퓨터를 능숙하게 다루며, 인터넷에 UCC

평균 연령 78세인 록그룹 더 지머스는 멤버 40명의 나이를 모두 합하면 3,000살이 넘는다. 뮤직비디오는 유튜브에서 조회수 200만 회를 넘겼으며 영국 차트 26위를 기록했다.
출처 : http://www.hani.co.kr/arti/international/global topic/ 213858.html

(사용자 제작 컨텐츠)를 올리기도 한다.[5] 젊은이들의 전유물이라고 여겨졌던 리프팅이나 암벽등반, 인라인 스케이트, 산악자전거 등도 현대 노인들에게는 잘 알려진 취미활동이 되었다. 동호회를 구성하고, 모임을 알리고 의미 있는 활동들을 지속하면서 노인들에 대한 이미지는 점차 달라지고 있다.

최근 화제가 되고 있는 일명 '백발의 로망' 더 지머스(The Zimmers)라는 영국의 록밴드가 있다. 이들은 록밴드의 대명사인 코카인 대신 고혈압, 심장병, 관절염 약을 먹으며 기타와 텔레비전을 때려 부수면서 열정적으로 노래한다. 40명으로 구성된 이들의 나이를 다 합치면 3,000

5) 2007년 정보통신부와 한국정보문화진흥원(www.kado.or.kr)은 '어르신 UCC(사용자 제작 콘텐츠) 공모전'을 실시했다. '2007 어르신 정보화제전'의 일환으로 처음 개최된 이 공모전은 고령층의 지식정보사회 참여를 촉진하고, 정보화 교육 필요성에 대한 인식을 제고하기 위한 것으로 55세 이상이면 누구나 참여할 수 있다.

살이 넘는다. 100살이 넘는 노인이 가운데 손가락을 치켜들며 '이제 양로원은 지긋지긋하다'고 외쳐대는 이들의 뮤직비디오는 인터넷상에서 엄청난 조회수를 기록했다. 영국 싱글차트 26위까지 올라간 〈마이 제너레이션〉은 노인을 퇴물로 취급하며 사회복지 예산을 깎는 '젊은' 사회를 고발한다.[6)]

건강한 노인, 대안적 노인의 모습은 보다 활동적이고 적극적인 삶을 사는 것으로 제시되고 있다. 이러한 대안은 이제 현대 우리나라 노인들의 삶 속에서 종종 찾아보게 되는 현실적인 복안이 되었다.

평생교육 : 대학을 살리는 대안(代案)의 용사들

"세상이 많이 변했다." "늙어서 배우는 게 더 재미있고 좋다." 노인복지관이나 사회복지관마다 프로그램에 참여하는 노인들은 한결같이 열심이다. 하긴 시대가 너무도 빨리 달라지고 있으니, 요새야말로 평생에 걸쳐 학습이 가능하고 필요한 사회라고 할 것이다.

교육은 아이들만 받는 것이라는 생각은 이미 달라졌다. 물질적 자원의 풍요와 여가의 증대로 모든 연령층이 다양한 교육 장면에 참여하는 이른바, 학습사회(learning society)가 이루어졌다. 학교교육을 넘어서 다양한 사회 교육을 통하여 세대를 초월하여 나타나는 다양한 문제들과 변화에 적응하도록 연령을 불문하고 새로운 지식과 기술을 배우고 익히는 시대가 온 것이다.

고령화가 진행되면서 노인들의 양적인 증가는 곧 노인들에게 파워를

6) 한겨레 신문, 2007년 6월 4일자.

실어주었다. 모든 권력을 젊은 세대들에게 넘겨주고 입을 다문 노인들이 조용히 지내던 때가 지나고 발언하는 노인이 사회의 다른 세대들과 화합하며 사회를 구성하고 이끌어 나가는 때가 온 것이다. 평균수명이 늘어나

고희를 넘긴 김서운 할머니가 손자뻘 되는 학생들과 나란히 서서 학위수여식을 하고 있다.
출처 : http://www.ohmynews.com/NWS_Web/view/at_pg.aspx?CNTN_CD=A0000237990&PAGE_CD=

면서 보다 많은 세대들과의 접촉이 일어나고 있는 이때, 노인들이 새로운 지식을 이해하고 다른 세대들과 소통할 수 있게 하는 재교육이 요청되고 있는 시점이다. 노인들을 전생애 발달의 관점에서 바라보자는 것이다.

노인교육은 기본적으로 다양해진 노인들의 욕구에도 부합한다. 유익하고 의미 있는 삶을 살기 위해 필요한 건강, 안전과 같은 기본적인 욕구를 넘어 존경을 받고 자아실현을 성취할 수 있는 지점까지 가는 것을 목적으로 삼고 있다.

대개 노인교육은 비형식적 교육(nonformal education) 형태를 취하고 있다. 즉 학교 교육과 같은 형식교육기관 외의 복지관, 학원, 문화센터와 같은 사회교육기관들에서 이루어지는 교육이 많다. 노인교육은 노인에 의한 교육, 노인을 위한 교육, 노인에 의한 교육으로 나누어 이루어지고 있다고 말한다. 다시 말하면, 노인 학습자를 대상으로 노인들에게 필요한 지식과 기능, 정보 등을 가르치는 노인을 위한 교육, 연령 불문하고 모든 학습자들에게 노인과 노화에 관한 지식과 태도를 가르치는

노인에 관한 교육, 노인이 지닌 자원을 교육적으로 활용하는 노인에 의한 교육까지 포함하며 보다 유기적으로 연결되어 있다.[7]

평생교육 입장에서 이루어지는 노인교육은 노인들과 관련된 어려움들을 살피고 해결하며 치료하는 차원을 넘어 교육과정 속에서 고령화 시대에 발생할 수 있는 다양한 사회문제를 사전에 예방하는 기능을 한다. 또한 미래의 긍정적 노인상을 구성하는 데에도 주도적인 역할을 할 것이다. 성공적 노화의 주요한 구성요소가 교육이라는 점을 고려한다면, 노년기 교육의 중요성은 어느 때보다 중요하다고 할 것이다.

대부분의 교육은 노인들의 자발적인 참여를 통해 이루어진다. 노인대학, 복지관 프로그램, 종교단체에서의 노인교육 등 다양한 교육이 다차원적으로 이루어지고 있고, 대부분의 참여자들은 자발적이다. 교육은 단순히 듣는 강의식 교육에서 참여하고 나누는 활동식 교육에 이르기까지 다양하다. 최근 노인대학에서는 노인 학습자들의 성취감을 높이고 노인학업의 의미를 강조하며 '덕사(德師)'라는 학위를 주기도 한다. 학위제를 선택하여 학사 이후 대학원 과정까지 두고 있는 대부분의 노인대학에서 노인들의 선전이 눈에 띈다.

교육 현장에 몰려드는 노인들을 보면서 정원 부족으로 허덕이는 대학들은 눈을 뜰 때가 되었다는 생각이 든다. 제2의 인생을 준비하는 중년, 노년들을 대상으로 특성화하면 어떨까? 폐교 위기는커녕 전문적인 교육 수요와 수준 높은 교육 욕구를 가진 2,000만 중노년들이 학교를 되살리는 대안(代案)의 용사들이 될 것이다. 이미 사이버 공간을 통하

7) 한정란 외(2005). 노인교육의 이해. 서울: 학지사.

여 대학 혹은 대학원 교육을 받고 있는 상당수의 중노년들이 있다. 과목 중에는 중노년들에게 더욱 유리한 과목들도 있다. 노인상담의 경우만 해도 '또래' 노인들의 공감능력과 폭넓은 경험이 현실적인 어려움에 처한 노인들에게 어떤 상담자보다 의미 있는 결과를 만들어 낼 수 있다.

배움은 즐거워야 한다. 노년기 학습은 즐거움에 열정까지 담고 있다. 학교에 들어서는 것만으로도 즐거워하는 노인들을 기억하며 서너 개의 학위를 가진 백발노인들과 학술토론을 함께 할 날을 고대한다.

자원봉사

자원봉사는 건강한 사회와 문화 조성을 위하여 영리적인 보수를 기대하지 않고 자발적으로 헌신, 봉사하는 활동이다. 날로 증가하는 복지 서비스의 욕구는 이미 가정이나 정부의 지원을 넘어선 지 오래다. 이러한 시점에서 시민들의 자발적인 참여와 봉사가 필요하다.

노인자원봉사는 노인 스스로가 봉사자가 되어 사회전반에 나타나는 다양한 문제 해결에 참여하며 장애인이나 소년소녀 가장을 위하여 활동하는 것이다. 이는 기타 환경, 교육, 교통, 문화, 예술 등 여러 분야에서 활발하게 일어나고 있다.

건강하고 생산적이며, 통합적인 노후생활의 중요한 척도로 여겨질 정도로 노인들에게 이미 자원봉사는 중요한 사회 참여 수단이 되었다. 전문적인 경험과 지식을 은퇴와 더불어 묵히기보다는 본격적으로 활용하여 봉사 활동에 적극 참여하게 되면서 노인들은 삶의 보람을 느끼고, 활동성이 증가하면서 신체적, 정신적 건강도 강화된다.

노인자원봉사는 대개 자발적이며, 무보수로 이루어지고, 지속성과 창

월드컵 수원경기장에서 열린 '월드컵 실버봉사대 발대식'에서 봉사대원 1만 명이 월드컵의 성공 개최를 위해 최선을 다할 것을 다짐하고 있다.
출처 : http://www.kyeongin.com/news/articleView.html?idxno=88217

조성을 가지고 일상 속에서 이루어진다. 또한 단순히 수혜를 받는 이들에게만 좋은 것이 아니라 시혜를 하는 노인들 스스로가 삶의 만족감과 성취감을 느끼고, 다른 사람들이나 일을 돕는 데서 오는 충만함의 경험을 가질 수 있다. 또한 노년기 자원봉사는 어려운 이웃을 도우면서 심리적 우울과 같은 자신의 문제를 치유하는 데에도 중대한 역할을 하니 자원봉사는 양방향성을 가진 것이라고 할 수 있다.

우리나라에서 잘 알려진 공식적인 노인봉사단체로 '은빛 자원봉사단'이 있다. 이 단체는 전국적으로 지부를 가지고 있으며 독거노인, 장애인, 소년소녀 가장 돕기 등 다양한 사회적 봉사를 담당하고 있다.

자원봉사는 노인의 사회적 역할 모델을 제시하고, 노인에 대한 부정적인 시각을 교정하는 사회적 효과를 가진다. 또한 능력 있는 노인들을 효과적으로 사용함으로써 인력낭비를 막고, 의료비와 복지비에도 긍정적인 영향을 미친다.

노인들의 자원봉사 영역은 대개 복지관과 같은 시설 중심의 재가복지나 이용시설, 병원이나 요양소에서 두드러진다. 재가노인을 위한 봉사는 지역사회에 거주하는 노인의 집이나 이용시설을 방문하여 노인 및 부양자들에게 필요한 서비스를 제공한다. 가정을 방문하여 가사 서비스(청소, 세탁, 시장 보기, 식사 준비 등), 간병 서비스(병간호, 병원 동행, 수발, 약물 복용), 심리사회적 서비스(말벗, 상담, 잔심부름, 편지 써주기, 행정대서, 후원자 결연, 정보 제공) 등을 제공하고 있다.

호스피스는 대표적인 자원봉사 프로그램으로 임종을 앞두고 있는 환자들에게 도움을 제공하는 것으로 호의, 환대(Hospitality)에서 나온 말이다. 중세에는 성지 순례객들의 숙소의 의미가 있었고, 19세기에는 '편안히 임종하도록 도와주는 집'이란 의미로 쓰였고, 근대에는 말기 환자의 마지막 남은 생을 돌봐 주는 일을 한다는 의미로 사용되었다. 현재는 전인적인 도움, 즉 육체적, 정서적, 사회 경제적, 영적인 문제들을 돌보고 섬기는 것을 말한다. 흥미로운 것은 호스피스의 대부분이 노인들이라는 점이다. 노후에 사랑을 실천하고 보람을 찾는 방법인 호스피스는 노년기에 할 수 있는 아름다운 사랑의 실천이다.

취미와 취업

일은 인간에게 중요한 삶의 의미를 제공하는 것 중 하나이다. 일의 의미는 시간과 장소에 따라 다르겠지만 의무감에서 해야 하는 일이 괴로움과 수고의 의미라면, 노년기의 일은 헌신과 소명의 의미라 할 수 있다.

노인들에게 일은 먼저, 시간을 활용하게 하고 소득을 확보해 주며, 아직 쓸모 있는 존재라는 유용감과 자신감을 주고, 신체적·정신적인 건강을 지속시키는 기능을 할 수 있다. 일의 중요성은 노년기에도 다르지 않다.

이 일을 취미로 할 것인가, 노동으로 할 것인가는 개인의 선택이다. 취미라면 생의 보람과 즐거움이 목적이 되고 경제적 보상은 크게 문제되지 않는다. 노인들의 긍정적인 삶과 예술의 관계를 조명한 영화 〈부에나 비스타 소셜 클럽〉은 생계의 근원이었던 일이 노년기에 어떻게 취미로 돌아서고, 그 취미가 개인에게 어떤 심리적인 안녕감과 만족감을 주는지 보여 준다. 노래와 풍류 속에서 노년기만이 가질 수 있는 깊은 감성과 선율이 어우러져 영화를 보는 젊은이들이 노인들의 삶과 예술 속에 빨려 들어가게 된다.

우리나라에도 노인들을 중심으로 이루어진 노인 합창단, 중창단, 하프 연주클럽, 색소폰 모임 등이 정기적으로 연주회와 발표회를 가지며 당당하게 공연대열에 참여하고 있다. 또한 인라인 동호회, 바이크 동호회, 포켓볼 동호회, 미식가 동호회 등 다양한 노인 중심의 동아리들이 인터넷 홈페이지를 구축하거나 인터넷 카페를 이용하여 정보를 서로 주고받고 외부 지원도 받아가면서 열정적인 움직임들을 보이고 있다.

노년기 취미는 고독과 소외감을 경감시키고, 자기유용감과 자아개념을 긍정적으로 변화시키는 데 영향을 미치며, 노인들은 취미생활을 통하여 자아실현의 기회를 확보하기도 한다. 신체적 · 정신적 건강을 유지하거나 향상시킬 수 있고, 삶의 만족도도 증가하는 등 긍정적 효과를 기대할 수 있다. 여행, 등산, 낚시, 그림, 서예, 만들기 등의 미술활동부터 운동이나 산책과 같은 신체활동,

노년기 취미는 고독감을 감소시키고 삶의 만족도를 높인다. 영화 〈부에나 비스타 소셜 클럽〉의 한 장면.

신문이나 책읽기, 노래나 연주와 같은 감성적인 활동, 화투나 장기, 바둑과 같은 놀이, 인터넷 검색과 정보 제공 및 콘텐츠 구성과 같은 특수 영역까지 취미의 영역은 다양하다.

취미와 달리 취업은 노동의 의미가 경제적 보상과 연결된다. 노인들은 신체적 노화에 따라 노동 능력이 저하되고, 복잡하고 새로운 기술에 빠르게 대처하기 어려워진다. 이런 특성들 때문에 퇴직 이후에 노동 시장에 재진출 하기란 쉽지 않다. 노동 시장에서의 퇴출은 노인들로 하여금 경제적인 빈곤, 심리적 위축감, 우울증과 같은 부정적 정서 경험을 갖게 하기 쉽다.

그럼에도 불구하고 소득도 확보하고 활동을 증가시키며, 삶의 의미를 찾아가기 위하여 최근에는 노인들이 취업을 원하는 경우가 늘고 있다. 고령자 취업을 돕기 위하여 정부에서 여러 가지 사업을 벌이기도 하고, 고령자 취업지원센터를 운영하기도 한다. 최근에는 실버취업박람회가 큰 인기를 끌고 있다. 80세가 넘은 노인들부터 아직 퇴직을 하지 않은 이들까지, 최근에는 여성노인들도 취업을 원하는 경우도 늘어나고 있다.

그러나 고령자를 위한 경제정책으로 당장 정년을 연장하는 것은 이미 청년실업문제로 숨이 턱까지 차오른 상황에서 쉽지 않은 일이다. 올해 통계청이 발표한 '1/4분기 고용동향'에 따르면 우리나라 실업자 수는 총 84만 명이 넘었고 전체 실업률은 3.5%이다. 그중 청년실업자 수는 33만 4,000명으로 실업률은 7.5%에 달한다. 전체 실업자의 40%가 청년실업자들이 차지하고 있는 통계 수치를 보더라도, 청년실업 문제의 심각성을 알 수 있다. 2006년 졸업한 대학 졸업생 26만 8,833명 중 7만 7,822명이 졸업과 동시에 실업자가 되었고 2006년 실업급여 신청자 60여만 명 중 27.6%가 청년층이니, 대학졸업장이 곧 실업증명서가 된

셈이다. 이런 상황이니 노인들과 청년들이 같은 일자리를 놓고 경쟁을 하도록 하는 것은 상황을 악화시킬 뿐이다. 이보다는 각 발달단계에 따라 다른 역할을 맡아 상호보완적 협동 체제를 형성할 방법을 찾아야 할 것이다.

2007년 정부 발표에 따르면 2010년까지 공공부문의 노인 일자리가 20만 개로 늘어날 전망이다. 노인 주유원 일자리 1,000개를 새로 마련하고 노인-노인 케어나 문화재 해설 등 복지형 일자리 비율을 확대해 나갈 계획이다.

노인인구의 증가와 더불어 노인의 '빈고(貧苦)'가 늘고 있기 때문에 취업에 대한 의지는 과거 어느 때보다 강하다. 최근 파산 신청자들 중에는 노인들이 늘어나고 있다. 2006년 법원통계에 따르면 파산신청자 100명 중 12명은 60대 이상이다. 이는 2004년 6.3%에서 2005년 9.7%, 2006년 상반기만 해도 11.5%로 부쩍 증가하고 있다. 노인개인 파산 원인 중 병원비 지출 비중이 2004년 1.3%, 2005년 3.3%, 2006년 6.8%로 매년 배 이상 늘어나 고령자 파산 신청증가와 비례적으로 증가하고 있다. 이런 파산자들은 대개 독거노인이나 노인 부부세대를 중심으로 빠르게 늘어나고 있다. 이들에게 취업은 생계이자 생명줄인 셈이다.

그렇다고 노년기에 반드시 생계유지를 위해서만 취업을 원하는 것은 아니다. 노동부가 운영하는 고용정보 시스템 워크넷에 따르면 2006년 60대 이상 노인 구직경쟁률은 32.6 대 1에 달하는 것으로 나타났다. 20대 구직경쟁률이 1.94 대 1, 30대는 1.37 대 1인 것과 비교하면 청년실업보다 노인실업이 훨씬 더 심각하다. 이들 중 일명 노(老)-노(老) 케어나 한글교실처럼 노인들이 노인들을 대상으로 하는 무보수 취업이라도 원한다는 경우가 많았다. 곧 상당수의 노인들이 '소득이 없어도 일만 있다면 하고 싶다' 라고 입을 모으고 있다는 점이다. 즉 소득 자체의 의미보다 노동 자체가 갖는 의미, 보람과 삶의 의미에 보다 큰 역점을 두고 있다는 것이다.

노년기의 적극적 활동(well-acting)은 은퇴와 육아 이후 새로운 삶을 위한 제2의 도약이다. 건강한 삶, 건강해지는 삶, 행복한 삶, 행복을 찾는 삶, 이런 삶은 곧 자신을 위한 진정한 투자이자 가장 값진 투자가 될 것이다. 열정적인 노년을 살고 있는 일본 NHK 방송사 아나운서 출신 70대 할머니가 제시하는 10가지 '불량노인 지침'[8]은 노년기 활동의 즐거움과 노년기의 과감한 활동과 선택을 기대하게 한다.

1. 사랑을 하자. 이성에 대한 흥미를 놓아서는 안 된다.
2. 꽃무늬 옷은 금물. 활력을 떨어뜨려 게을러 보인다. 단색이되 아주 예쁜 색상으로 생동감을 준다.
3. 방의 사면에 거울을 붙여라. 옷장 앞에는 전신거울을 세면대에는 확대경을.
4. 피부 관리. 젊었을 때보다 3배는 더 신경 써라. 한 달에 한 번 미용 마사지 받아라.
5. 일찍 자고 일찍 일어나려고 애쓰지 마라. 건강에 지나치게 예민하니까 노인이란 소리를 듣는다.
6. 매일 반드시 신문을 읽자. 노후두뇌체조.

8) 시모쥬 아키코(2006). 즐거운 노년, 인생을 자유롭게 즐기자. 오희옥 역. 서울: 지혜의 나무.

7. 젊은 사람과 놀자.

8. 거리로 나가 쇼핑을 하자. 갖고 싶은 것이 없어지면 늙었다는 증거.

9. 전철 안에서 언제나 자리를 양보 받으려 기대하지 말라.

10. 돈 쓰는 데 인색하지 말라. 특히 여행에는 과감하게 돈을 쓴다.

웰 다잉 : 메멘토 모리

영국의 극작가인 버나드 쇼(Bernard Show)의 묘비에는 다음과 같은 글이 쓰여 있다. "우물쭈물하다 그렇게 될 줄 알았다!" 대부분 준비 없이 죽음을 맞는다. 우물쭈물하다가.

준비된 죽음은 무엇이 다를까?

1960년 미국의 미네소타대학교에서 개설된 '죽음의 준비과정'이라는 과목으로 시작된 죽음 준비교육은 현재 미국 전역에서 이루어지고 있다. 우리나라에서는 1991년부터 시작된 '삶과 죽음을 생각하는 회'는 사회교육단체에서 본격적으로 죽음 준비에 대한 관심을 보이기 시작했다. 이 회는 죽음을 통해 삶이 더욱 풍성해질 수 있다고 생각한다. 그도 그럴 것이 인간이 죽음에 대해서는 기대보다는 공포를 먼저 느끼기 때문이다. 노년기 죽음의 공포가 강렬해진다면 노년기 삶이란 축축하고 어두운 터널 입구에서 두려워하는 일로 점철될지도 모를 일이다.

우리나라 노인들의 죽음 인식 : 자다가 죽는 것이 생의 마지막 받는 복이다

우리나라 노인들의 죽음 태도에 관한 연구를 살펴보면, 부정적인 노인들은 죽음을 자연적인 현상으로 나타나는 삶의 마지막 과정이라고 보면서 죽음 자체보다는 사랑하는 모든 것과 헤어진다는 상실감에 더 큰 아품을 느끼고 있다. 또한 죽음은 영원한 삶의 시작인 동시에 현실적으로는 최대의 상실이라고 여기고, 죽어가는 과정을 통해 전체적, 심리적, 사회적 박탈감을 체험하면서 두려움을 느끼고 희망을 잃게 되기도 한다. 이와는 반대로 죽음에 대해 긍정적인 태도를 보이는 경우, 죽음에 대한 느낌을 편안함, 평화로움, 당연함, 담

한 늙은 노부부의 삶을 통해 인간의 삶과 죽음에 대한 진지하고 따뜻한 성찰을 살핀 연극, 〈행복한 죽음〉.

담함으로 긍정적이고 수용적인 태도를 보이며, 우리나라 노인들은 긍정적인 죽음의 태도를 보여 주는 경향이 강하다.

　한 연구 결과를 보면, 60대에서 90대 사이의 14명에 대한 심층면접을 통해 60대나 70대 초반의 사람들이 죽음에 대한 부정적 인식으로 인하여 죽음을 회피하려는 경향이 강하였는데, 죽음은 회피할수록 자신의 삶을 그대로 수용하지 못하게 하는 기제로 작용하고 있었다. 건강한 노인이라고 할지라도 갑작스런 건강의 위기가 찾아오면 두려움과 당혹감을 느끼며 죽음에 대한 공포를 갖게 된다. 특히 우리나라 노인들은 동료 노인들의 죽음, 가까운 친족의 죽음, 배우자의 죽음 등 수많은 죽음을 경험하면서 자기 자신의 죽음에 대한 생각을 만들었으며, 배우자의 죽음에 대한 슬픔은 오랜 시간이 지나도 극복하기 힘든 것으로 느끼고 있었다. 한 조사에 의하면 우리나라 노인들은 죽음을 고통스런 사건으로,

해방구와 자유의 통로로서, 삶의 의미가 상실되는 것으로, 자기 이미지의 해체로 이해하는 것으로 나타났다.[9] 다시 말해 우리나라 노인들은 죽음을 공포와 상실의 의미로 받아들이고 있다.

우리나라 노인들과 성인들을 대상으로 '좋은 죽음'에 대한 인식을 조사한 결과에 따르면, 성인의 경우 적당한 임종시기로 70~79세에 사망하기를 원한 경우가 53.4%, 80~89세에 사망하기를 원하는 비율이 24.2%로 나타났으나, 노인의 경우는 70~79세, 80~89세에 사망하기를 원한 경우가 각각 42.8%, 41.5%로 나타났다. 임종 기간은 성인의 경우 갑자기 사망하는 것과 1개월 미만의 임종 기간을 원하는 경우가 각각 38.4%로 나타났으나 노인의 경우는 갑자기 사망하는 것을 원하는 경우가 51.5%로 나타났다. 또한 편안하게 죽는 것이 좋은 죽음과 관련하여 가장 중요한 요소로 생각하고 있는 것으로 나타났다

인생수업 : 죽음의 단계

장기간 베스트셀러였던 『인생수업』이란 책이 있다.[10] 이 책은 죽음에 대한 태도가 삶의 질에 영향을 미친다는 것을 잘 보여 주면서 죽음에 대한 인식의 전환을 시도하고 있다. 동서양을 막론하고 노년기에 사별을 하거나 가족, 친구를 잃는다는 것은 노령과 질병으로 쇠약해진 노인들에게 견디기 힘든 경험이다. 엘리자베스 퀴블러 로스는 200명의 불치병 환자를 대상으로 실시한 심층적 인터뷰를 통해서, 죽음에 직면한 사람들이 5단계의 정서적 반응을 보이는 것을 밝혀주었다.

9) 이이정(2006). 노인 학습자를 위한 죽음준비교육 프로그램 개발. 연세대학교 박사학위 논문.
10) 엘리자베스 퀴블러 로스(2006). 인생수업. 류시화 역. 서울: 도서출판 이레.

첫 번째 단계는 부정과 고립(denial and isolation)이다. "나에게 이러한 일이 일어날 수 없어. 난 믿을 수 없어." 등의 표현이 나타난다. 환자는 자신이 죽어야 한다는 사실을 부정하고, 잘못된 진단이라고 생각해 버린다. 이러한 반응은 죽음의 충격에 대해 일시적으로 나타나는 반응이다.

두 번째 단계는 분노(anger)이다. 죽음을 부분적으로 수용

엘리자베스 퀴블러 로스와 데이비드 케슬러의 『인생수업』은 삶과 죽음에 대한 다양한 과정을 설명하고 있다.

하면서, 왜 하필 지금 자기 자신에게 이러한 일이 일어나게 되었는지에 대해 분노를 표현하는 단계이다. 이러한 분노는 자기 자신이나 가족, 병원 직원, 신에게까지 표출할 수 있으며 누구에게서나, 어디에서나 쉽게 분노를 터뜨리게 되어 주변 사람들을 힘들게 하는 시기이다.

세 번째 단계는 타협(bargaining)이다. 타협은 의료진, 운명 혹은 신과 기한이 정해진 약속을 하여 불가피한 죽음을 조금이라도 연기하려는 시도로, 이 단계는 짧지만 환자가 다른 사람에 대해 가장 개방적, 협조적인 시기이다. 이성적인 의사소통이 가능하기 때문에 이 기회에 신변을 정리하고 미해결의 문제를 처리하도록 원조하는 것이 필요하다.

네 번째, 우울(depression)이다. 환자가 자신의 병을 더 부인하지 못하게 되고 증상이 더 악화되어 쇠약해지면 극도의 상실감을 겪게 되면서 심한 우울 상태에 빠지게 된다. 이러한 상태에 있는 환자에게 슬퍼하

지 말라고 격려하는 것은 금물이다. 중요한 것은 주변 사람들이 되도록 환자의 곁을 떠나지 않고 옆에 앉아서 손을 잡아준다든지 슬픔을 함께 나누는 것이다.

마지막은 수용(acceptance)이다. 이 시기의 환자들은 대개 지치고 쇠약해지며 감정의 공백기를 갖게 된다. 환자는 피할 수 없는 죽음이라는 운명을 평온하게 받아들이게 된다. 이것은 절망으로부터 오는 체념과는 다른 것으로 해야 할 일을 마쳤을 때 느끼는 휴식의 시간이라고 할 수 있다. 환자는 주위에 대해 무관심하게 되며, 환자보다는 그들의 가족이 좀 더 많은 원조를 필요로 하는 시기라고 할 수 있다.

이런 심리적 단계는 꼭 순차적으로 나타나는 것은 아니며, 모든 사람들이 모든 단계의 반응을 다 보이는 것도 아니다. 최근 많은 학자들은 죽음에 대한 반응이 환자의 병의 종류, 성, 성격, 문화와 생활환경 등 개인차에 따라 다를 수 있다고 주장하면서, 죽음의 과정에 보편적인 단계나 양식이 존재하는 것은 아니라고 주장한다(Corr, 1992).

최근 알폰스 데켄 신부는 엘리자베스 퀴블러 로스의 5단계에 하나를 더 첨가하였다. '기대와 희망의 단계'이다. 즉 죽음을 끝의 개념으로 보지 않고 시작 혹은 연장의 개념으로 보는 것이다. 이 시기에 종교는 기대와 희망에 긍정적인 역할을 한다.

죽음 준비교육 : 진정한 사랑을 위한 노래

교육은 끝이 없는 모양이다. 죽는 것까지 교육을 받아야 하니 말이다. 죽음 준비교육이란 죽음이나 죽음의 과정, 사별 등과 관련된 모든 측면에서의 교육을 말한다. 죽음 준비 프로그램은 무엇일까?

아이러니 같지만 이 교육은 죽음을 생각하게 함으로써 남은 삶에 관심을 돌리도록 한다. 모든 연령을 대상으로 진행되는 이 프로그램은 슬픔과 죽음을 거부하거나 회피하는 것이 아니라 창조적으로 재창조할 수 있도록 돕는다. 즉 죽음을 통해 삶을 풍요롭게 한다.

죽음 준비교육을 통하여 죽음과 관련된 사항들에 대한 정보를 제공받고, 내세에 대한 믿음이나 죽음 자체의 의미 등에 대한 개인적인 가치가 증진될 수 있다. 여기에는 죽음에 대한 금기사항(taboo)들에 대한 이해도 포함된다. 나아가 죽음 준비교육에서 죽음에 대한 사회적 전망, 죽어가는 과정, 죽음에 대한 개인적 태도, 죽음, 비탄, 사별에 대한 종교적, 문화적 견해, 장례 의식, 자살, 안락사, 의학 윤리, 법적 문제, 죽음에 대한 아동의 인식, 에이즈, 전쟁, 사형제도, 낙태 등과 같은 죽음과 관련된 폭넓은 선택의 문제도 다룬다.

노인을 대상으로 하는 죽음 준비교육이라면 마치 노인들이 죽음에 대한 공포에 사로잡혀 있는 듯한 인상을 준다. 오히려 많은 노인들은 인생의 마지막 단계에 혼자 사는 경우가 많고, 이미 가족들도 오랫동안 노인의 죽음을 생각하고 예상하면서 노인이 사망하기 전에 미리 충격을 완화하는 과정을 거치는 경우가 많다. 그런 이유에서인지 고령노인일수록 죽음에 대해 담담해지는 것을 자주 본다. 게다가 우리나라 노인의 경우 죽음에 대한 인식은 성별에 큰 차이가 없으며, 연령이 높을수록 죽음을 좀 더 자연스럽게 받아들인다. 또한 건강할수록, 경제 수준이 높을수록 죽음에 대해 적극적이고 수용적인 편이다. 이런 사람들에게 죽음 준비교육이 무슨 의미인가?

나는 2004년 처음으로 노인들을 대상으로 죽음 준비교육을 실시하였다. 죽음 준비교육에서는 유서 쓰기, 사후세계 체험하기, 영상편지 남기기, 신체 본 떠놓기, 영정 사진 찍기, 매장 장소와 방법 확인하기 등 외에도 다양한 활동을 한다. 프로그램을 실시하면서 혹시 죽음 준비교육 중 대상 노인들이 실신하거나 위험한 상황이 생기면 어쩌나 하는 생각에 무척 떨리는 시간들이었다. 그러나 그 교육에서 떨고 있는 것은 나뿐이었다. 교육을 받던 노인들은 유서를 작성하면서 오히려 담담했다. 한 사람도 빠짐없이 자녀들에 대한 관심의 정도, 사망 이후 재산 처분, 미안한 사람들에 대한 사죄, 고마웠던 사람들에 대한 감사, 용서하고 용서 받아야 하는 사람들, 매장의 방법과 장소, 남기고 싶은 물건과 이야기들을 빼곡히 적었다. 쓰기를 마치고 한 사람씩 돌아가면서 자신의 유서를 읽는 시간을 가졌다. 읽는 동안에 어떤 노인은 울고, 어떤 노인은 아무 느낌이 없고, 어떤 노인들은 가슴이 아프다고 말하기도 했다. 그러면서도 고마운 사람이 누구이고, 누구를 더 사랑해야 하는지, 정말 해보고 싶었던 일은 무엇이고, 꼭 만나고 싶었던 사람은 누구였는지를 알게 되었다면서 모두들 감격스러워했다. 내가 그 감격의 현장에서 배웠던 것은 죽음을 전제할 때 사랑해야 할 사람들을 진심으로 사랑할 수 있게 된다는 점이었다. 누구라도 죽음 앞에서는 숙연해지기 마련이다. 이제 얼마 남지 않은 시간들을 앞두고 게을러질 수 없다는 교훈을 배운

독립영화 〈워낭소리〉는 인간과 동물의 관계를 통해 죽음과 삶, 그리고 우정을 잘 드러내었다.

자리였다.

사실 죽음 준비교육이라면 대개 숙연하고 장엄하며 느린 음악이 깔리고 어두운 조명이 있을 것으로 생각하기 쉽다. 그러나 매번 답은 '결코 그렇지 않다' 이다. 노인들이 죽음을 받아들이는 방법은 담담함과 유쾌함이었다. 담담함은 죽음을 일상의 한 부분으로 받아들이고 있던 점이고, 유쾌함이란 죽음을 유머의 소재로 삼는다는 점이다. 다시 말해, 담담함과 유머를 통해 죽음을 엄숙한 것이 아닌 하나의 '놀이' 로 삼는 것이다. 죽음과 관련된 다양한 유머들을 직간접적으로 사용하면서 죽음을 공포의 장이 아니라 유쾌하고, 삶이 이어지는 곳으로 받아들이게 된다.

한 노부부가 살다가 먼저 할아버지가 돌아가셨다. 하늘나라에 갔더니 하느님께서 "당신은 생전 일 한 번 안 하고 평생을 놀면서 편안히 지냈으니 여기서라도 일을 하시오. 이곳에 서서 천국에 들어갈 사람과 지옥에 가야 할 사람을 구분하시오. boy라는 말을 할 때 비, 오, 와이 라고 영어철자를 이야기할 수 있으면 천국행이요. 아셨소? 그럼 수고 하시오."라고 말씀하셨다. 사람들이 길게 늘어선 줄 가장 앞에 서서 한 사람씩 점검하면서, 할아버지는 정말 열심히 일하셨다. 보이(boy) 의 철자를 대답하는 사람은 천국으로, 다른 말을 하는 사람은 지옥으로 보냈다. 얼마를 그렇게 했을까? 드디어 할머니가 돌아가셔서 그 줄에 섰다. 멀리 있는 할아버지를 보고 할머니는 내심 기뻤다. 할아버지와 평생을 살았으니 당연히 천당이리라는 생각이 들었기 때문이다. 드디어 할머니가 할아버지를 만나서 환한 미소를 지었다. 그러자 할아버지가 한참을 말없이 할머니를 쳐다보다가 말씀하셨다. "페테르일리치 차이코프스키(PyotrIlyich Tchaikovsky) 스펠링 대봐!!"

노년기 부부관계를 보여 주는 동시에, 이 이야기는 죽음이 하나의 유머의 '소재'가 될 수 있다는 것을 보여 준다. 또한 이런 유머를 통하여 사람들은 보다 자연스럽게 죽음을 접하고 죽음의 공포와 불안에서 벗어나기 쉬워진다.

　　'아라이 만'이라는 일본 사람이 엮은 일본 시집 『천의 바람이 되어』에 〈천(千)의 바람이 되어〉라는 작자 미상의 영시가 일본어로 번역되어 실려 있다. 미국이나 유럽에서는 조금씩 변형된 버전으로 널리 알려져 있으며, 영화감독 하워드 혹스의 장례식과 마릴린 먼로의 25주기, 2002년 미국 9·11 테러 1주년 추도 모임 때도 낭독되었던 시이다. 함께 나누면서 죽음 준비의 의의를 생각해 보면 좋을 듯하다. 이 시는 일본의 인기 가수 아끼가와 마사후미(秋川 雅史)가 노래로 불러 큰 인기를 끌기도 했었다.

　　"삶을 원하거든 죽음을 준비하라."라고 한다. 또 "인간답게 죽는다는 것은 인간답게 사는 것이다."라는 말도 있다. 죽음을 기억하라라는 뜻의 라틴어 '메멘토 모리'(memento mori)는 죽을 자들을 위한 것이 아니다. 결국 건강하고 행복한 현재와 준비되고 의미를 담은 미래를 위한 삶의 노래인 것이다.

　　우리는 흔히 고령화가 65세 이상 된 사람들의 문제라고 생각한다. 그러나 이제 이 책의 독자들은 자신의 노후준비를 훨씬 빨리 해야 한다는 것을 알았을 것이다. 건강은 잃은 후에 찾기 어렵다. 마찬가지로 늙기 전에 미리 준비할 필요가 있다. 인생의 오후에 접어들기 시작했다면 준비를 시작하라. 최근에는 "40부터 준비하라."고들 한다. 노인이 대세인 요즘 개인 노후를 위한 준비, 초고령 사회를 대비한 준비가 개인적, 사회적, 국가적 차원, 나아가서는 늙어가는 세계인들을 위해 다차원적으로 이루어질 때가 되었다. 마거릿 대처가 선진 7개국(G7) 정상

회담에서 제기했다가 멋쩍게 내려버린 세계 고령화 정책[11]이 다시 열 띤 토론의 주제가 될 때를 기대한다. 그리고 고령화 선두에 선 우리나라가 서둘러 적극적으로 고민하며 고령화 문제를 슬기롭게 풀어 나가기를 소망한다.

〈천(千)의 바람이 되어〉

작자 미상

내 무덤 앞에서
울지 마세요

나는 그곳에 없습니다
잠들어 있지 않습니다

천의 바람,
천의 바람이 되어

저 넓은 하늘을
지나가고 있습니다

가을에는 빛이 되어
밭에 내리쬐고
겨울에는 다이아몬드처럼
반짝이는 눈이 됩니다

아침에는 새가 되어
당신의 잠을 깨웁니다
밤에는 별이 되어
당신을 지켜줍니다

내 무덤 앞에서
울지 마세요

나는 그곳에 없습니다
나는 죽지 않았어요

천의 바람,
천의 바람이 되어

저 넓은 하늘을
지나가고 있습니다

천의 바람,
천의 바람이 되어

저 넓은 하늘을
지나가고 있습니다

저 넓은 하늘을
지나가고 있습니다

11) 피터 G. 피터슨(2002). 노인들의 사회, 그 불안한 미래. 강연희 역. 서울: 에코리브르.

찾아보기

지은이

이호선

강원도 대관령에서 태어났다. 대학에서 영문학을 전공한 뒤, 대학원에서 성서학 석사 과정을 밟으며 삶과 종교의 힘을 느꼈고, 상담학 박사 과정을 거치면서 노인들의 삶과 그들의 세상 속으로 들어가는 법을 배웠다. 이후 장로회신학대학교 신학대학원에서 M.Div 과정을 거치며 노인들의 삶과 종교를 건강하게 구연하는 방법을 찾았다. 『노인상담』을 시작으로 『성격과 심리』, 『노인의 성과 성문화』, 『세계의 노인교육(공저)』, 『노인상담론(공저)』, 『노년학척도집(공저)』, 『쉽게 배우는 역할극』, 『역할극의 기초』 등을 저술했다. 또한 연세대학교, 명지대학교, 서울시립대학교 등에서 강의하며 KBS TV/Radio, CBS TV/Radio, 실버TV 등에서 강사와 패널로 활동 중이다. 연세대학교 연합신학대학원에서 겸임교수를 지냈고, 현재 한국노인상담센터를 운영하면서 서울가정법원 상담위원으로 상담의 임상지평을 넓히고 있다. 12년 전 시작했던 노인상담이 노인을 위한 상담이었다면, 요즘은 노인상담사들을 양성하며 노(老)-노(老)상담, 즉 노인에 의한 상담을 위해 힘쓰고 있다.

이메일 : wsein@yonsei.ac.kr